CHINA

Ein Lesebuch
zur Geschichte, Kultur und Zivilisation

Shuyang Su

CHINA

Eine Einführung
in Geschichte, Kultur und Zivilisation

Dem Text dieses Bandes liegen die folgenden Ausgaben – auch auszugsweise – zugrunde:
Die chinesische Originalfassung:
Shuyang Su: Zhongguo Duben [A Reader on China]. Shenyang: Liaoning Jiaoyu
Chubanshe [Liaoning Education Press] 1999,
aktualisierte und erweiterte chinesische Neuauflage 2006.
Die englische Originalfassung:
Shuyang Su: A Reader on China. An introduction to China's history, culture and civilization.
San Francisco, CA: Long River Press; Shanghai: Shanghai Press and Publishing Development
Company 2005.

Deutsche Übersetzung: Dr. Silvia Kettelhut
Wissenschaftliche Betreuung und Überarbeitung: Dipl.-Kffr. Simona Thomas M.A.

Sonderausgabe Chronik Verlag im Wissen Media Verlag GmbH, Gütersloh/München
Copyright © 2008 der deutschen Ausgabe by RM Buch und Medien Vertrieb GmbH
und der angeschlossenen Buchgemeinschaften

Projektmanagement und Realisierung:
Agentur initiale, Sandhatten

Umschlaggestaltung/Foto: © Agentur initiale
Redaktion: Gunda Lange, Bamberg
Satz/Layout: Wolfgang Eggerstorfer
Reproduktion: Peter Karau, Bochum
Druck und Bindung: MOHN Media · Mohndruck GmbH, Gütersloh
ISBN: 978-3-577-14380-6
Printed in Germany

INHALT

VORWORT
ZUR DEUTSCHEN AUSGABE

Im April 2006 überreichte der chinesische Staatspräsident Hu Jintao bei seinem Besuch in den USA dem amerikanischen Präsidenten George W. Bush ein besonderes Gastgeschenk: Es war eine in Seide gestickte englische Übersetzung des Buches »Die Kriegskunst des Meisters Sun« (*Sunzi bingfa*). Dieses Geschenk löste weltweites Erstaunen aus. Es handelt sich um eine der ältesten militärtheoretischen Abhandlungen. Als Kernschrift der chinesischen Kriegskunst ist es gleichzeitig eine Kernschrift der Lehren traditioneller chinesischer Philosophie und Politik; sie fragt nach Moral und Rechtschaffenheit politischen Handelns. Dieser 2500 Jahre alte Text repräsentiert ein zentrales Werk des geistigen und kulturellen Erbes der chinesischen Zivilisation.

China ist ein Land, das sich auf eine lange und glanzvolle Geschichte berufen kann. Gern zitiert es dabei selbst die These von fünftausendjähriger ungebrochener Kontinuität der chinesischen Zivilisation. In einer Welt, in der die Mechanismen von Globalisierung und die Wirtschaftskraft von Nationen bestimmend sind, liegt das »Faszinosum China« in der Spannung gerade zwischen Tradition und Moderne. Doch welche Kulturtraditionen sind für die Chinesen heute noch maßgeblich?

Der Autor Shuyang Su sagt: »Um dieses Land ganz kennen zu lernen, braucht es mehr als ein Leben – um seine Weitläufigkeit und Schönheit zu beschreiben, bedarf es mehr als eines Buches.« Er versucht, den auch heute noch wirksamen Traditionen der chinesischen Kultur und Geschichte nachzuspüren. Damit bietet dieses »China-Lesebuch« eine Einführung in die Zivilisation und Geisteswelt der Chinesen.

Mondberg am Fluss Lijiang in der Autonomen Region Guangxi.

KAPITEL 1

GEOGRAPHIE

Lage und Ausdehnung des Landes

China ist ein Land von kontinentaler Ausdehnung: Mit einer Fläche von 9,6 Millionen Quadratkilometern ist es das drittgrößte Land der Welt – fast so groß wie ganz Europa. Von Osten nach Westen erstreckt es sich über 5200 Kilometer, von Norden nach Süden hat es eine Ausdehnung von 5500 Kilometern.

Der nördlichste Punkt Chinas – die Hauptfahrrinne des Flusses Heilongjiang (Amur) nördlich von Mohe (Provinz Heilongjiang) – und der südlichste Punkt – das Zengmu-Riff am südlichen Ende der Nansha-Inselgruppe (Spratly Inseln) – liegen fast fünfzig Breitengrade auseinander. Der äußerste Osten am Zusammenfluss des Heilongjiang und des Wusuli (Ussuri) und der äußerste Westen mit der Pamir-Hochebene liegen 60 Längengrade entfernt. So stehen im Süden die Bäume schon in vollem Grün und die Blumen in voller Blüte, während über den Norden noch Schneestürme hinweggehen. Und wenn an der Ostküste die Sonne aufgeht, ist im Westen noch tiefe Nacht.

Topographie

Chinas Topographie ist äußerst vielgestaltig, sie umfasst Gebirge, kalte, unwirtliche Hochebenen, weite Becken, kristallklare Seen, sanfte Hügel und endlose Ebenen. Von der Pazifikküste im Osten des Landes reicht es stufengleich über weite Gebirgszüge in mittleren Regionen bis hinauf zu den äußersten Höhenzonen im Himalaja.

Das Qinghai-Tibet-Plateau – bekannt als das »Dach der Welt« – ist mit einer durchschnittlichen Höhe von 4000 Metern ü. d. M. das höchste Plateau der Welt. Der höchste Gipfel des Himalaja – der Qomolangma oder Mount Everest – gehört sowohl zu China als auch zu Nepal. Dieser mit 8848 Metern ü. d. M. höchste Berg der Welt ist gleichzeitig auch der jüngste Berg: Erst vor 30 Millionen Jahren erhob er sich aus dem Meer.

Kein anderes Hochland der Welt verfügt wie das Qinghai-Tibet-Plateau über tausend Seen; in der kargen Vegetation kommt ihr Anblick unzähligen Spiegeln gleich, viele werden als heilige Orte des tibetischen Buddhismus verehrt. Dazu gehören der Nam Co, mit 4718 Metern ü. d. M. der am höchsten gelegene See der Welt. Der Qinghai-See hat eine Ost-West Ausdehnung von 100 Kilometern und eine Süd-Nord Ausdehnung von 60 Kilometern, er ist der größte Salzwassersee Chinas. Im Qaidam-Becken, dem größten Becken der Welt, liegen 24 Salzseen mit 60 Milliarden Tonnen Salz, das entspricht der Hälfte von Chinas Salzvorrat.

Im Norden wird das Qinghai-Tibet-Plateau vom Kunlun- und vom Qilian-Gebirge begrenzt, im Osten vom Hengduan-Gebirge. Von dort nach Nordwesten und Südosten schließen sich mittelhohe Gebirgsformationen und -plateaus an. Hier ist auch der Ursprung vieler Ströme Asiens, darunter des Yangtze, des Gelben Flusses und des Yarlung Zangbo. Es sind Flüsse von beeindruckender Kraft.

Das weite Gebiet von den Kunlun-, Qilian-, und Hengduan-Gebirgen bis zu den Großen Xing'an-, Taihang-, Wu- und Xuefeng-Gebirgen liegt auf einer Höhe von 1000 bis 2000 Meter ü. d. M. Sie umfassen drei Hauptplateaus und drei große Becken: Die Plateaus sind – von Nord nach Süd – das der Inneren Mongolei, das Lößplateau des Gelben Flusses und das Yunnan-Guizhou-Plateau im Südwesten Chinas.

Das innermongolische Hochland liegt rund 1000 Meter ü. d. M. und ist das zweitgrößte Hochland Chinas. Es besteht aus weiten Ebenen, Grasland sowie Flüssen und Seen. Von

hier stammen die nördlichen Nationalitäten Chinas. Funde der so genannten Hongshan-Kultur von Zhahai, freigelegt im Autonomen Mongolischen Kreis Fuxing in der Provinz Liaoning, haben den Beginn der chinesischen Kulturgeschichte um 3000 Jahre weiter nach vorn rücken lassen; die Funde werden auf etwa 6000 Jahre v. Chr. datiert. Symbol der gleichnamigen Kultur ist der Hongshan-Drache.

Das ebenfalls im Norden bzw. Nordwesten Chinas gelegene Lößplateau des Gelben Flusses liegt 800 bis 2000 Meter ü. d. M.; die Lößbodenschicht ist 50 bis 80 Meter dick. Hier ist der Ursprung der chinesischen Zivilisation. Bewegt man sich vom Hochland gen Osten, entlang des Tals des Gelben Flusses,

Blick auf den Mount Everest vom Pang-la-Pass in Tibet aus gesehen.

so ist das wie eine Reise durch die Geschichte: Relikte der Zhou-, Qin-, Han- und Tang-Dynastie erzählen aus längst vergangenen Zeiten.

Im Südwesten Chinas befindet sich das Yunnan-Guizhou-Plateau. Es ist eine typische Karstlandschaft, allerdings von besonders großer Ausdehnung. Es ist auch ein bedeutsamer Fundort von Fossilien früher Affen aus der Zeit des *Ramapithecus*, von Menschenaffen und vom *frühen Homo sapiens*. In der Region sind bekannte touristische Ziele der Steinwald bei Kunming oder

der Huanggoushu-Wasserfall am Oberlauf des Dabang (einem Zufluss des Beipan). Mit 74 Metern ist er der größte Wasserfall Chinas. Heute leben in diesem Hochland zudem noch viele der südwestchinesischen Nationalitäten.

Auf der Höhe von bis zu 1000 Metern liegen drei wichtige Becken Chinas: Das Junngar-, das Tarim- und das Sichuan-Becken. Das Junggar-Becken im äußersten Nordwesten Xinjiangs verbindet China mit Zentralasien. Wie ein Dreieck liegt es zwischen dem Tianshan-Gebirge, dem Altai-Gebirge und weiteren Bergen im Westen. In seiner größten Ost-West-Ausdehnung ist es 1120 Kilometer breit, in seiner größten Nord-Süd-Ausdehnung misst es 800 Kilometer. Seine Fläche umfasst 380000 Quadratkilometer. Das Junggar-Becken liegt zwischen 500 und 1000 Metern ü. d. M., wobei als Besonderheit der Ebinur-See im Westen des Beckens nur 190 Meter ü. d. M. liegt. Neben der landwirtschaftlichen Nutzung durch Schafzucht, Getreide- oder Baumwollanbau gibt es in dieser Region vor allem bedeutende Ressourcenvorkommen inklusive Kohle- und Erdölvorräten.

Das Tarim-Becken ist das größte Binnenbecken der Welt. Sein Zentrum liegt in der größten Wüste Chinas, der Taklamakan. Hier verlief die alte Seidenstraße, die Westen und Osten miteinander verband. Früher nannte man die Taklamakan-Wüste »Ende allen Lebens« und Lop Nor, den einstmals riesigen See in ihrem östlichen Teil, »Meer des Todes«. Im Mongolischen bedeutet Lop Nor »See, dem viel Wasser zufließt« – früher mündete hier der Tarim-Fluss. Das Seen- und Sumpfgelände von Lop Nor ist 3006 Quadratkilometer groß und liegt 768 Meter ü. d. M. Seit den 1960er Jahren ist Lop Nor Standort für die Erprobung von Kernwaffen und Nukleartechnologie.

Das Sichuan-Becken ist für die Chinesen gleichsam Chinas »Himmelreich«: Warmes, feuchtes Klima, fruchtbarer Boden und wasserreiche Flussläufe bringen reiche Ernten; es ist eine der Kornkammern des Landes. Heute ist es eine der bevölkerungsreichsten Regionen Chinas.

Ein weiteres Becken ist das ovale Turfan-Becken. Der in seinem Zentrum gelegene Aydingkol-See ist mit 154 Metern u. d. M. der tiefste Punkt Chinas. Das Turfan-Becken hat eine Ausdehnung von 245 Kilometern von West nach Ost und von 75 Kilometern von Nord nach Süd. Hier ist das Klima heiß und trocken, und so kommt die frühere Bezeichnung »Feuersee« nicht von ungefähr. Im Sommer ist dies der heißeste Ort Chinas. Die sich an das Becken anschließenden Berge sind als »Flammenberge« bekannt. Trotz Trockenheit und Hitze gedeihen in Turfan – dank eines ausgeklügelten Karez-Bewässerungssystems mit seinen unterirdischen Kanälen und Brunnen – süße Hami-Melonen, Wein und Baumwolle.

Unterhalb von einer Höhe von 500 Metern ü. d. M. befinden sich drei große Ebenen Chinas. Gemeint sind – von Norden nach Süden gesehen – die Ebenen im Nordosten, im Norden und am Mittel- und Unterlauf des Yangtze.

Die nordostchinesische Ebene ist eine der Kornkammern Chinas. Der schwarze fruchtbare Boden, der üppige Ernten hervorbringt, birgt unter sich zudem reiche Erdölvorkommen. Fossile Brennstoff-Reserven, zahlreiche Bodenschätze, aber auch Getreide- und Obstanbau kennzeichnen die nordchinesische Ebene. Heute sind für den wirtschaftlichen Aufschwung Chinas allerdings die Gebiete der Küstenprovinzen und Zentralchinas führend; sie sind der Motor der Modernisierung des Landes.

Gebirge, Flüsse und Gewässer

Zwei Drittel der Fläche Chinas sind gebirgig – das heißt aber auch: Chinas landwirtschaftliche Nutzfläche ist begrenzt, nur etwa zehn Prozent ist landwirtschaftlich nutzbar.

Die Hauptgebirgszüge lassen sich in drei Gruppen einteilen: Zur Gruppe der von Ost nach West verlaufenden Gebirge gehören das Tianshan- und Yinshan-Gebirge im Norden, das Kunlun- und Qingling-Gebirge in der Mitte sowie das Nanling-Gebirge im Süden. Die zweite Gruppe verläuft von Nordost nach Südwest. Ihr gehören an: das Große Xing'anling, das Taihang, Wushan und Xuefeng im äußersten Westen, die Gebirge Changbai und Wuyi in der Mitte sowie das Taiwan-Gebirge im äußersten Osten. Drittens verlaufen von Nordwest nach Südost das Altai- und das Qilian-Gebirge. Des Weiteren verbindet sich der Himalaja mit dem Hengduan-Gebirge zu einer riesigen bogenförmigen Gebirgskette.

China wird von gewaltigen Strömen durchzogen: Im Land gibt es über 1500 Flüsse mit einem Einzugsgebiet von jeweils über 1000

Quadratkilometern. Diese Flüsse werden jährlich von 2,7 Billionen Kubikmeter Wasser durchflossen – damit liegt China weltweit an Platz sechs. Mit seinem Gesamtwasservorrat belegt es sogar den ersten Platz. Diese Wasservorräte erzeugen eine Kraft von 680 Millionen Kilowatt, wovon 3,7 Millionen Kilowatt nutzbar sind.

Die meisten Flüsse in China strömen von West nach Ost und münden ins Meer. Viele enden im Pazifik, darunter der Yangtze, der Gelbe Fluss, der Heilongjiang (Amur) und der Perlfluss.

Am Kalakuli-See in Xinjiang haben Mongolen in 4000 Meter Höhe ihre traditionellen Zelthäuser (Jurten) errichtet.

Einige fließen nach Süden in den Indischen Ozean, wie der Yarlung Zangbo und der Nujiang. Der Ertix fließt nach Norden und schließlich ins Arktische Meer. Andere Flüsse fließen ins Landesinnere, verschwinden in Wüsten oder speisen Seen; der größte unter ihnen ist der Tarim in Xinjiang.

Der legendäre Yangtze (auch Jangtsekiang) ist der größte Fluss Chinas und mit einer Länge von 6300 Kilometern der drittlängste Strom der Welt. Sein Quellgebiet liegt im westlichen Teil der Provinz Qinghai. Der Hauptfluss windet sich durch elf Provinzen und Autonome Regionen, bevor er sich ins Ostchinesische Meer ergießt. Das Einzugsgebiet des Yangtze macht ein Fünftel der Gesamtfläche Chinas aus. Er ist für die chinesische Binnenschifffahrt und die Bewässerung des Landes von großer Bedeutung. Seine Haupt- und Nebenflüsse sind wichtige Wasserreserven; sie machen rund vierzig Prozent der gesamten Wasserreserven des Landes aus.

Der Gelbe Fluss gilt als die Wiege Chinas, entstand doch die alte chinesische Zivilisation an seinen Gestaden. Auch der Gelbe Fluss entspringt in der Provinz Qinghai, er durchfließt neun Provinzen und Autonome Regionen, bevor er nach 5464 Kilometern in die Bohai-See mündet. Sein Lauf veränderte sich während der Jahrhunderte mehrfach.

Abgesehen von den natürlichen Flüssen gibt es in China viele von Menschenhand angelegte Wasserwege. Der schon in der Sui-Zeit (581-618) angelegte Kaiserkanal war einst die Hauptverbindung zwischen Süden und Norden. Er verläuft von Hangzhou nach Peking und ist mit 1794 Kilometern der längste Kanal der Welt.

China ist auch ein Land zahlreicher Seen; es gibt allein über 130 Seen mit einer Fläche von jeweils über 100 Quadratkilometern. Am Mittel- und Unterlauf des Yangtze konzentrieren sich die Süßwasserseen in den weiten Flussebenen. Hier finden sich mit den Seen Boyanghu, Dongtinghu und Taihu die größten Seen Chinas; außerdem gibt es hier noch den Hongzehu und den Chaohu. Die weltweit meisten Seen sind im Hochland des

Qinghai-Tibet-Plateaus lokalisiert. Bei ihnen handelt es sich überwiegend um Salzseen. Der größte ist der Qinghai-See (Koko Nor). Hier lebt der Huangyu, eine besondere Art von Karpfen. Die Inseln im See sind Brutstätte für unzählige Vogelarten.

Die Seen auf dem Yunnan-Guizhou-Plateau entstanden hauptsächlich durch das Absinken geborstener Erdschichten. Da Kalkstein Wasser filtert, ist ihr Wasser besonders rein und klar.

Die Seen und Flüsse dienen Transport, Bewässerung und Stromerzeugung und sind eine reiche Nahrungsquelle. Neben dem Wohlstand haben sie jedoch auch Katastrophen gebracht. Bereits das alte China litt immer wieder unter verheerenden Überschwemmungen. Andere Landstriche leiden regelmäßig unter Dürreperioden, die ganze Landstriche im wahrsten Sinne des Wortes verwüsten lassen. Während das Einzugsgebiet des Yangtze unter Wasser steht, trocknet der Gelbe Fluss mehr und mehr aus.

Neben der Flussregulierung wächst ebenso die Bedeutung der Energiegewinnung durch Wasserkraft. Zahllose Stauseen – das berühmteste Projekt der letzten Jahre ist der Drei-Schluchten-Staudamm am mittleren Flusslauf des Yangtze – werden auf- und ausgebaut. Daneben ist die Nutzung der Meereskraft zur Stromerzeugung eine Herausforderung für die Zukunft des Landes: Der Tidenhub birgt riesige Energien in sich, die bisher noch kaum genutzt werden. In Zukunft wird man durch seine Nutzung große Strommengen erzeugen können. Die Flutwelle des Flusses Qiantang bei Hangzhou kann über acht Meter hoch werden – hier gibt es große Mengen günstiger Energie.

Die Mehrzahl der Flüsse in China fließt gen Osten zum Meer. China liegt am Pazifik; von Norden nach Süden wird es eingefasst von der Bohai-See, dem Gelben Meer, dem Ostchinesischen und dem Südchinesischen Meer. Chinas Küstenlinie ist lang und gewunden: Von der Mündung des Yalu ins Gelbe Meer an der Grenze zu Nordkorea bis zur Mündung des Beilun an der Grenze zu Vietnam im Süden hat sie eine Gesamtlänge von 18000 Kilometern. Ihr vorgelagert sind über 5000 Inseln, einschließlich der Inseln im Südchinesischen Meer. Die Bohai-See, das Gelbe Meer, das Ostchinesische und das Südchinesische Meer umfassen ein riesiges Seegebiet. Die beiden größten Inseln des geographischen China sind Taiwan und Hainan. Insgesamt beträgt die Fläche aller Inseln 80000 Quadratkilometer.

Die Küstenregion hat zwei unterschiedliche Ausprägungen: Nördlich der Bucht von Hangzhou begrenzen im Wesentlichen flache, breite Sandküsten das Meer; südlich davon fallen Felsküsten steil ab und bilden natürliche Häfen. Doch ist dies nur eine grobe Unterteilung. So finden sich im Norden auch Felsküsten und im Süden auch Strände. Auch gibt es zwei Arten von Häfen: Die Häfen an Flussmündungen wie Tianjin, Shanghai und Kanton sowie durch geologische Formationen begünstigte natürliche Häfen wie Dalian, Qingdao oder Haikou.

An den Stränden liegen Chinas Salzfelder. Sie erstrecken sich von der Halbinsel Liaodong im Norden bis zur Insel Hainan im Süden. In der Salzgewinnung ist China führend: Es produziert ein Fünftel des weltweit gewonnenen Salzes.

Das Meer selbst verfügt über reiche Fischreserven und andere Ressourcen. An den Sandküsten gedeihen Meeresfrüchte und -pflanzen. China ist bekannt für seine in Farbe, Form, Schimmer und Feinheit hochqualitativen Perlen. Die so genannten »Südperlen« beispielsweise stammen aus dem Kreis Hepu in Beihai (Autonome Region Guangxi). Auf dem Meeresboden finden sich reiche Mineralien; die Ölreserven im Ostchinesischen und Südchinesischen Meer gehören zu den größten der Welt. Chinas Küsten haben reichhaltige Reserven an wertvollen Metallen wie titan- und zirkonhaltigen Seifenerzen; und in der Tiefsee gibt es Manganknollen, auch bezeichnet als die »Perlen der Tiefsee«.

China war im 15. Jahrhundert eine der größten Seefahrer-nationen und hatte die größte Flotte der Welt. Chinesische Seeleute unternahmen ausgedehnte Seeexpeditionen und pflegten friedlichen Austausch und Handel mit anderen Ländern vom Japanischen und Ostchinesischen Meer bis an die Ostküste Afrikas über den gesamten Indischen Ozean hinweg.

Komplexe und unterschiedliche Klimata

Die Größe des Landes und seine unterschiedliche Topographie bedingen komplexe und unterschiedliche Klimata. Der Norden Chinas liegt in der subpolaren Zone; so herrscht im nördlichen Teil der Provinz Heilongjiang fast durchgängig Winter mit Eis und Schnee. In Mohe verzeichnete man mit minus 50° C den Kälterekord des Landes. Chinas Süden liegt südlich des Nördlichen Wendekreises, unweit vom Äquator, und damit in tropischen Breiten. Auf der Insel Hainan ist stets Sommer, und die Natur ist während des ganzen Jahres grün. Die Durchschnittstemperatur auf den Xisha-Inseln liegt bei 26° C, dies ist die heißeste Gegend des Landes. Der größte Teil Chinas aber befindet sich in gemäßigten Breiten mit vier sich deutlich voneinander unterscheidenden Jahreszeiten. Im Januar liegt der durchschnittliche Temperaturunterschied zwischen Harbin im Norden und Guangzhou im Süden bei 32° C.

In den hügeligen Regionen und den Plateaus im Landesinneren, weit entfernt vom Meer, herrscht trockenes Klima mit geringen Niederschlägen und großen Temperaturunterschieden. Dies gilt besonders für den Nordwesten. Im Volksmund heißt es, dass seine Bewohner sich »morgens in Pelzmäntel hüllen, mittags in Gaze kleiden und abends am Feuer Wassermelonen essen«.

In der trockensten Region, dem Tarim-Becken, beträgt die jährliche Niederschlagsmenge unter zehn Millimeter, mitunter fällt über Jahre überhaupt kein Regen. Das Yunnan-Guizhou-Plateau ist zwar sehr hoch gelegen, befindet sich aber auch in den Subtropen; so bleiben ihm eisige Winter und glühende Sommer erspart, und während des ganzen Jahres herrschen frühlingshafte Temperaturen. In der Hochgebirgszone im Südwesten unterscheiden sich die Klimata deutlich voneinander, je nachdem, ob man sich auf dem Gipfel oder an seinem Fuß befindet: Während sich auf den Gipfeln der Schnee hoch auftürmt, sind die Berge auf halber Höhe von dichtem Gras bedeckt; und am Fuß gibt es üppige tropische Vegetation. Die Küstenregion im Osten hat ein maritimes Klima und vier sich deutlich voneinander unterscheidende Jahreszeiten; jährlich können bis zu 1600 Millimeter Niederschlag fallen.

Die Monsunwinde aus den gemäßigten Zonen führen dazu, dass die Sommertemperaturen im überwiegenden Teil des Landes höher sind als an anderen Orten der Welt auf gleicher Höhe; die Wintertemperaturen sind dafür niedriger. Im Sommer bringt der Wind Regen und hohe Temperaturen, im Winter bringt er Trockenheit und Kälte aus dem Landesinnern.

Reiche Bodenschätze

China ist reich an Bodenschätzen und verfügt – wie wenige andere Staaten – über fast sämtliche Arten. Bisher hat man 162 unterschiedliche Arten entdeckt, von 142 Arten ist die Höhe der Vorkommnisse bereits ermittelt.

China war das erste Land, das Kohle nutzte; es hat reiche Steinkohlevorkommen, Kohleabbau wird fast im ganzen Land betrieben. Bisher hat man über 900 Milliarden Tonnen Kohlevorräte ausgemacht, jedoch ist die Qualität teilweise sehr unterschiedlich. Die Provinz Shanxi ist das wichtigste Kohleabbaugebiet Chinas. Von dort wird die Kohle über Straße und Schiene in verschiedene Regionen Chinas gebracht sowie zu den Häfen, über die sie auch ins Ausland exportiert wird.

China verfügt auch über reiche Ölreserven: Von der Ebene im Nordosten, der Bohai-Bucht und der Nordchinesischen Ebene bis zu den Provinzen Hubei und Hunan hat man große Ölfelder gefunden. China ist eines der größten Ölförderländer der Welt. Bekannt sind die Ölfelder in Daqing und Shenli in Nordchina, im Bohai- und im Südchinesischen Meer sowie in der Autonomen Region Xinjiang.

Die Erdgasvorkommen sind ebenfalls beachtlich, bisher wurden Vorkommen von 380 Billionen Kubikmetern ermittelt. Pipelines winden sich über tausende von Kilometern durch das Land und bringen das Gas zu den industriellen und privaten Abnehmern.

Im Zuge der Modernisierung des Landes ist der eigene Bedarf an Energieressourcen stark gestiegen. Zunehmend engagiert sich China auch an Beteiligungen an Erdöl und Gas erzeugenden Unternehmen in Russland, Afrika, Südamerika und im Mittleren Osten. China verfügt zudem über beträchtliche Vorräte an Uran

Kohle-Terminal im Hafen von Shanghai.

– und damit über das erforderliche Rohmaterial zur Entwicklung und Ausbau seiner Nuklearindustrie.

China hat reiche Vorkommen an Buntmetallen. Mit den nachgewiesenen Mengen an Wolfram, Antimon, Lithium, Zinn, seltenen Erzen und Titan steht das Land weltweit an erster Stelle; mit seinen Vorkommen an Kupfer, Aluminium, Molybdän, Blei, Quecksilber und Nickel gehört es zur Weltspitze. Diese Buntmetalle sind wichtige Rohmaterialien für Wissenschaft und Technik. Die Eisenerz-Vorkommen gehören mit 44 Milliarden Tonnen zu den größten der Welt. China ist weltweit führend bei Vorkommen von schwefelhaltigem Eisenerz, Magnesit und Bor-Erz; bei Phosphor steht es weltweit an zweiter Stelle; mit seinen Vorräten an Glimmer, Asbest, Flussspat, Bentonit, Talkum, Pyrophyllit, Graphit, Kaolin, Perlit und Kalkstein gehört es zur Weltspitze; seine Vorräte an Glaubersalz, natürlichem Alkali und Feldspat sind ebenfalls reich; und der chinesische Marmor mit seinen vielfältigen Farben und Mustern hat überall auf der Welt einen Namen.

Das in China gewonnene Salz ist Meersalz, Solsalz, Binnenseesalz und Steinsalz. Allein die Salzvorkommen im Cha'erhan-Salzsee im Qaidam-Becken belaufen sich auf 25 Milliarden Tonnen – damit decken sie den Salzbedarf Chinas über tausende von Jahren. Die Vorräte an nichtmetallischen Mineralien sind ebenfalls beachtlich, sie werden an über 4300 Orten abgebaut.

Chinas Fauna und Flora

Ungezählte seltene Arten

Auf Chinas weitem Land, in seinen Meeren, Flüssen und Seen finden sich unzählige seltene Tiere und Pflanzen.

Den Großen Panda gibt es nur in China, er ist gleichsam das Nationaltier des Landes. Der Große Panda hat sich über zehntausende von Jahren von einem Fleischfresser zu einem Lebewesen entwickelt, das sich ausschließlich von Bambus ernährt – damit ist er quasi ein seltenes lebendes Fossil. Weltweit ist der Große Panda zum Symbol für aktiven Tier- und Artenschutz geworden. So wurden zum Schutz und zur Vermehrung des Pandas sowie des Mandschurischen Tigers, einer weiteren bedrohten Spezies, zahlreiche Naturschutzgebiete eingerichtet.

Weitere in China vorkommende seltene Tiere sind die Stumpfnasenaffen, der Mongolische und der Südchinesische Tiger. Im Yangtze sind der Süßwasserdelphin und der China-Alligator heimisch. In den dichten Wäldern von Shennongjia (Provinz Hubei) gibt es den seltenen Weißen Bären; entlang der Küsten von Xiamen und Qingdao lebt eine kostbare und alte Lanzettfischart.

Für Chinesen ist der Milu oder Davidshirsch ein Tier von besonderer Bedeutung, das in vielen literarischen Werken und Liedern erwähnt wird. Er gilt als ein Tier, das »Vieren nicht ähnelt«: Weder dem Hirsch noch dem Pferd, weder dem Affen noch dem Ochsen. Er stammt aus China, wurde später nach England gebracht und gelangte jetzt wieder nach China zurück.

In China sind über 1000 Vogelarten heimisch. Zu den kostbaren Vogelarten gehören der Rote Ibis, der Mandschurenkranich, die Mandarin-Ente, der Goldfasan, die Lerche, der Gabelschwänzige Honigsauger und der Sonnenvogel. Fasanen wie der Braune, der Blaue und der Weiße Ohrfasan sind immerhin nicht vom Aussterben bedroht, doch ihre Bestände sind klein. Mit der Entwicklung und Modernisierung seiner Umgebung wächst die Gefahr, dass der Mensch nur allzu oft das Umfeld und die Existenzgrundlage anderer Lebewesen zerstört.

In China gedeihen über 32000 Arten höherer Pflanzen. Es gibt 7000 Arten Holzgewächse, dazu gehören 2800 Baumarten. Zum Vergleich gibt es in Nordamerika 600 und in Europa

250 Arten. Von den alten Samenpflanzen, den so genannten Nacktsamern, gibt es auf der Welt dreizehn Familien und über 700 Arten – in China wachsen davon zwölf Familien und über 300 Arten. Dazu gehören der Ginkgobaum, der Taubenbaum, die Borstenfichte und der Urweltmammutbaum. Diese alten Baumarten waren ursprünglich nur noch in China erhalten und in anderen Gebieten der Welt seit langem ausgestorben. Im 20. Jahrhundert wurden sie von vielen Ländern aus China eingeführt. Von den Bedecktsamern wachsen nur noch in China der Taschentuchbaum, der Guttaperchabaum und der Baum der Freude. Man findet in China zudem insgesamt über zweitausend Arten essbarer Pflanzen.

In Xishuangbanna (Provinz Yunnan) wächst dichter tropischer Regenwald, dies ist der einzige Ort der Welt, wo Regenwald in dieser Höhe gedeiht. Anderswo auf der Welt sind solche Regenwälder längst von Verwüstung betroffen.

Besonders gut gedeiht der schnell wachsende Bambus in regenfeuchten Gebieten.

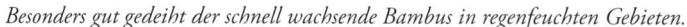

Der Urweltmammutbaum wuchs vor 100 Millionen Jahren – in der frühen Kreidezeit im Mesozoikum – in Ostasien, Nordamerika und Europa. Man ging davon aus, dass er die vierte Eiszeit nicht überlebt habe und allein Versteinerungen von seiner vergangenen Existenz zeugen – bis man in den 1940er Jahren in den Provinzen Sichuan und Hubei über 1000 Urweltmammutbäume fand: Mit einer Höhe von bis zu 35 Metern und einem Stammumfang von bis zu 2,3 Metern sind sie von stattlicher und eleganter Erscheinung. Nach dieser botanischen Entdeckung gingen Sämlinge dieser »lebenden Fossilien« an viele Länder in Amerika und Europa.

Auch den Taschentuchbaum hielt man für vor langer Zeit ausgestorben. Doch dank einer einzigartigen natürlichen Umgebung gedeiht dieser hübsche Zierbaum wieder in den Provinzen Guizhou, Hubei und Sichuan. Steht er in Blüte, scheint es, als habe sich eine Schar Tauben auf ihm niedergelassen – so nennt man ihn auch den »Chinesischen Taubenbaum«. Der Taubenbaum ist gleichsam der Pandabär der Pflanzenwelt. Lange Zeit für ausgestorben gehalten, fasziniert er die Biologen weltweit, ermöglicht er ihnen doch, die Evolution an ihm zu studieren.

In einigen Küstenregionen der Provinz Fujian wachsen große Mahagoni-Wälder. Bei Flut stehen sie im Wasser, und in ihrem Geäst tummeln sich Fische und Vögel gleichermaßen; bei Ebbe leuchtet das feurige Rot des Holzes weithin. In dem Gebiet von Baiyin Aobao in der Inneren Mongolei wächst der einzige Borstenfichten-Wald der Welt. Sein Bestand wird auf rund 5000 Bäume geschätzt.

Es gedeihen noch mehr seltene Blumen, Gräser und Kräuter in China: Die Azalee, die Primel und die Enzianart *Gentiana scraba* bezeichnen die Chinesen als die »drei berühmten Blumen«. Die Päonie – die »Königin der Blumen« – wächst nur in China. Die Orchidee und die Chrysantheme besangen bereits die alten Dichter, und der Bambus ist noch heute beliebtes Motiv von Künstlern und Literaten.

Gedeihen in China auch viele seltene Pflanzen, so hat das Land im Verhältnis zu seiner großen Bevölkerung wenig Wald- und Grünfläche aufzuweisen. Das Land ist nur zu 13,92 Prozent von Wald bedeckt, zu einem viel geringeren Anteil als andere Länder. Naturkatastrophen sind oft Folge menschlichen Fehlverhaltens. Dass es ohne Umweltschutz keine Zukunft geben kann, ist mittlerweite überall anerkannt. In seinem Nordwesten hat China Schutzwaldgürtel und Grasfelder angelegt, um den Sandstürmen aus dem Norden Einhalt zu gebieten und den Boden zu schützen, und Wasserbauanlagen errichtet. Seitdem ist viel erreicht worden: In ehemals versandeten Gebieten sprießt wieder Gras und wachsen hohe Bäume, kahle Berge sind wieder grün und Wälder erholen und erneuern sich.

Berühmte touristische Ziele

Das Erleben von Chinas einzigartiger Natur zieht schon seit Jahrhunderten die Besucher an bestimmte, besondere Orte: Man kann durch die großen Wälder und über schneebedeckte Pfade des hoch aufragenden Changbai-Gebirges wandern und den Wasserfall bewundern, der aus dem Himmelssee in die Tiefe fällt. Der Berg Tai im Osten und der Huashan im Westen, der Hengshan im Norden und der Hengshan im Süden und schließlich der Songshan in der Mitte des Landes sind die »Fünf Heiligen Berge«. Der Reiz der steilen Bergpfade und die Ansichten ihrer großartigen Massive suchen in der Welt ihresgleichen. Im Huangshan-Gebirge lassen sonderbare Felsformationen, das Wolkenmeer, verwachsene uralte Kiefern und heiße Quellen den Besucher »quasi sich selbst vergessen«.

Aufstieg in den Gelben Bergen (Huang Shan, Provinz Anhui).

Das Lushan-Gebirge und den Wasserfall seines Gipfels Xianglu besang schon der tangzeitliche Dichter Li Bai (701-762). Seine Gedichte machten die Kulisse weltbekannt.

Der Emeishan in der Nähe von Chengdu lockt mit den schönsten Ansichten der Welt. Ebenso berühmte Ziele sind Xishuangbanna in der Provinz Yunnan, oder Guilin, das mit

seinen Karstbergen und Wasserläufen in der Welt einzigartig ist. Auf der Insel Hainan gibt es die Kokosnusswälder und Orangenbaumhaine von Sanya.

Der Bau der chinesischen Mauer wurde unter Kaiser Qin Shihuang vor 2200 Jahren begonnen. Ihre heutige Form stammt aus dem 15. Jahrhundert.

Beliebte Orte in der Nähe von Shanghai sind Suzhou und Hangzhou. Beide beanspruchen für sich, ein »Paradies« zu sein mit den meditativen und elegant gestalteten Gärten Suzhous sowie dem sanft und lieblich in die Hügel eingebetteten Westsee in Hangzhou.

Einst betete der Kaiser im Himmelstempel für eine reiche Ernte,
heute ist es eine der größten Parkanlagen Pekings.

KAPITEL 2

VOM URSPRUNG DER »CHINESEN«

Mythen und Legenden

Schon vor Jahrtausenden beschäftigte sich die Menschheit mit Fragen nach Anfang und Ursprung der Welt. Mit begrenztem Wissen und Phantasie erklärten sich die Menschen der Vorzeit die Herkunft von Himmel, Mond und Sternen, die Vielfalt von Natur, Landschaften und Wetterphänomenen. So entstanden die ersten Mythen und Legenden.

Jedes Volk hat seine eigenen Schöpfungsgeschichten. In China beruft man sich auf den Mythos von Pan Gu, der Himmel und Erde teilt. Nach dieser Legende gibt es zunächst nur Finsternis und Leere. In dieser entsteht aus einer kleinen Blase ein Wolkengebilde, das zu einem Ball kondensiert, aus dem schließlich ein rotes Ei entsteht. Aus diesem Ur-Ei wird Pan Gu geboren. Da er die grenzenlose Leere und Finsternis nicht ertragen kann, reißt er seine Arme und Beine auseinander, um die niederdrückende Leere aufzubrechen – und teilt so Himmel und Erde voneinander. Der Legende zufolge werden aus den Schalen des Eis die Sterne am Himmel gebildet, auf der Erde verwandeln sich die Schalen zu Mineralien. Pan Gus Tränen sind der Regen, sein Blinzeln oder Schnarchen werden zu Blitz und Donner.

Damit sich Himmel und Erde nicht wieder schließen, muß sich Pan Gu immer weiter aufrichten, bis er nach 18000 Jahren ein Riese ist. Seine Größe wird mit 90000 Li angegeben, diese Entfernung zwischen Himmel und Erde wird als »neun Himmel« beschrieben. Seit jeher haben gewisse Zahlen in der chinesischen Zahlenmystik eine besondere Bedeutung: Die Neun wird in der Regel dem Kaiser zugeordnet, hier steht die Neun als

Vervielfältigung für eine riesige und perfekte Ausdehnung der Welt.

Ergänzt wird der Mythos vom Anfang des Universums durch weitere Legenden. Als im Kampf zwischen dem Gott des Feuers, Zhurong, und dem Gott des Wassers, Gonggong, die Erde und das Firmament einbricht, werden die Säulen, die den Himmel tragen, zerstört. Doch die himmlische Ur-Mutter der Menschheit, Nüwa, errettet die Welt, indem sie aus den Beinen einer Schildkröte die vier Säulen des Himmels wieder errichtet und das Firmament wieder zusammenfügt. Aus Lehmpuppen formt sie im Anschluss die ersten Menschen.

Die Mythen von Pan Gu, der Himmel und Erde teilt, und der Ur-Mutter Nüwa werden nicht nur im Volk der Han, dem die Mehrheit der Chinesen

Nach der chinesischen Mythologie ist der Donnergott Lei Kong eine Kombination aus halb Mensch, halb Vogel, mit einem affenähnlichen Kopf und Hühnerfüßen. Durch seine schreckliche Erscheinung soll er den Bösen Angst einjagen.

angehört, überliefert. Bei zahlreichen Ethnien Südchinas und der indochinesischen Halbinsel haben sich diese Mythen bewahrt. Allein die Namen der Protagonisten sind mitunter andere.

Urzeitliche Funde: Anthropologie und *Peking-Mensch*

Für Anthropologen entbehren die Mythen von Pan Gu und Nüwa natürlich einer wissenschaftlichen Grundlage. Für sie ist der *Ramapithecus* der direkteste und älteste Urahn der Menschheit. Der *Ramapithecus* lebte vor rund 14 Millionen Jahren und seine versteinerten Überreste fand man sowohl in Indien als auch in Ostafrika. Die Anthropologie verortet die Vorfahren der Menschen als Nachfahren der alten afrikanischen Affen und geht davon aus, dass die Menschheit vom afrikanischen Kontinent aus die Welt bevölkerte.

Im Jahr 1985 entdeckten britische Genforscher anhand von DNA-Analysen die »Verwandtschaft« von Rassen. Ergebnis war, dass die DNA von 26 ethnischen Gruppen in China der der Afrikaner ähnelt. Einige Anthropologen vertreten die Theorie, dass es zwei Gruppen von Urmenschen gegeben hat. Danach hat eine Gruppe die Welt vom afrikanischen Kontinent aus bevölkert, während die andere Gruppe aus unterschiedlichen Regionen stammt und von dort in weitere Weltteile wie Neuseeland und andere Pazifische Inseln gewandert ist.

Fossilienfunde von 1956 und 1975 in Yunnan in der Stadt Kaiyuan und dem Kreis Lufen stammen von frühen Affen, die zur Zeit des *Ramapithecus* lebten. Der *Ramapithecus* ging aufrecht und benutzte für die Nahrungssuche Stöcke und Steine, wie er sie in der Natur vorfand; Werkzeuge vermochte er noch nicht herzustellen. Deshalb bezeichnet man ihn als *Anthropoid-* oder Menschenaffe. Im Verlauf der Evolution, vor 200 bis 300

Millionen Jahren, folgte der *Pithecanthropus* oder Affenmensch, der Gerätschaften herstellen konnte, aber noch die Merkmale der frühen Affen trug. Die Wissenschaft bezeichnet ihn als aufrecht gehenden Affenmenschen. Solche Affenmenschen lebten ebenfalls in Gebiet des heutigen China, was die Fossilienfunde des *Yuanmou-Menschen*, des *Lantian-Menschen* und des *Peking-Menschen* beweisen.

1998 meldete die Nachrichtenagentur »Neues China« (*Xinhua*), dass Archäologen in der Provinz Anhui 180 alte Steinwerkzeuge und Knochen höherer Primaten freigelegt hatten. Fundort war der Berg Laili in der Gemeinde Suncun (Kreis Fanchang). Zwar fand man keine versteinerten Überreste menschlicher Gebeine, doch die Steinwerkzeuge beweisen, dass menschenähnliche Wesen diese Gegend vor rund 2 bis 2,4 Millionen Jahren bewohnt hatten – deutlich früher als zuvor angenommen.

Die versteinerten Gebeine des *Yuanmou-Menschen* wurden im Kreis Yuanmou in der Provinz Yunnan ausgegraben. Die *Yuanmou-Menschen* lebten vor 1,7 Millionen Jahren; es sind die frühesten aufrecht gehenden Affen, deren Überreste man jemals in Asien gefunden hat. Der *Lantian-Mensch* lebte vor rund 800000 Jahren im Kreis Lantian in der Provinz Shaanxi.

Mit ihm verglichen ist der so genannte Peking-Mensch (*Sinanthropus pekinensis*) sehr viel jünger. Seine Überreste fand man in den Höhlen des Longgu-Bergs beim Dorf Zhoukoudian südwestlich von Peking. Am 2. Dezember 1929 entdeckten Archäologen und Anthropologen eine vollständig erhaltene Schädeldecke des *Peking-Menschen*, ein Fund, der in archäologischen und anthropologischen Kreisen großes Aufsehen erregte. Ausgehend von dem ausgegrabenen Schädel versuchte man die Physiognomie des *Peking-Menschen* zu rekonstruieren: er hatte eine niedrige, flache Stirn und grobe Schädelknochen, im unteren Teil ausladend, im oberen verjüngte sich der Schädel, das Kinn sprang hervor. Leider verschwand der Schädel des *Peking-Menschen* während der japanischen Invasion.

Bis heute ist der Verbleib ungeklärt.

Der *Peking-Mensch* hatte viele Merkmale des frühen Affen. Seine oberen Gliedmaßen aber ähnelten denen des modernen Menschen. Es wird daher davon ausgegangen, dass der *Peking-Mensch* bereits mit den Händen arbeitete. In den Höhlen des Long-gu-Bergs liegt eine sechs Meter dicke Ascheschicht mit Fischgräten, Tierknochen und Pflanzensamen – der *Peking-Mensch* verstand es, das Feuer für sich nutzbar zu machen. Mittlerweile hat man Überreste von über 40 *Peking-Menschen* freigelegt sowie zahlreiche unvollendete Werkzeuge aus Stein, Knochen und Horn. Das soziale Leben des *Peking-Menschen* dürfte mit zur frühesten Art gesellschaftlichen Zusammenlebens in der Geschichte der Menschheit zählen.

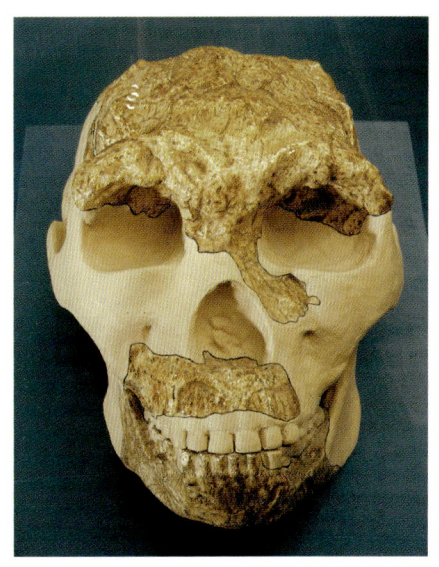

Schädel des »Peking-Menschen«.

Weitere Funde weisen auf *frühe Homo sapiens* hin: Nach dem *Peking-Menschen* kam der *Mabei-Mensch* (Fundort in der Gemeinde Mabei, Stadt Shaoguan, Provinz Guangdong), der vor 100000 Jahren gelebt hat, der Changyang-Mensch (Kreis Changyang, Provinz Hubei) und der *Dingcun-Mensch* (Dingcun, Kreis Xiangfeng, Provinz Shanxi).

In der Zeit von vor 40000 bis 50000 Jahren kam es zur Ausbildung vom *frühen Homo sapiens* zum *Homo sapiens sapiens*. Zu den Fossilien des *Homo sapiens sapiens* in China gehören der *Hetao-Mensch* in der Inneren Mongolei, der *Liujiang-Mensch* in Liujiang (Autonome Region Guangxi), der *Obere Höhlen-Mensch* im Longgu-Berg, Peking, sowie der *Ziyang-Mensch* in Ziyang, Provinz Sichuan. Der *Obere Höhlen-Mensch* beherrschte bereits das Feuer.

Volksgruppen Chinas

Die Bevölkerung des heutigen China ist Resultat einer langen Zeit der Vermischung verschiedener ethnischer Gruppen. Räumlich werden als erste Vorfahren die Angehörigen der legendären »Huaxia«-Nationalität in der Zentralebene und am Mittellauf des Gelben Flusses verortet. Nach 500 Jahren Krieg, Assimilation und Vermischung in der »Frühlings- und Herbstperiode« und der »Zeit der Streitenden Reiche« bis hin zur Qin- (221-206 v. Chr.) und Han-Zeit (206 v. Chr.-220 n. Chr.) bildete sich das Volk der Han heraus. In weiterer Perioden der chinesischen Geschichte haben sich die Gruppen besonders stark miteinander vermischt: in der Wei- (220-265) und Jin-Zeit (265-420) und im Zeitalter der Südlichen und Nördlichen Dynastien (420-589) und schließlich in der mongolischen Yuan-Zeit (1280-1367).

Aus dem Nordosten Chinas stammen das Volk der Mandschuren und andere Volksgruppen. Für die Entstehung und Entwicklung der chinesischen Kultur hat diese Region eine bedeutende Rolle gespielt, z. B. während der Liao-Dynastie der Kitan (916-1125) oder der Jin-Dynastie der Dschurdschen (1115-1234). Auch in der Ming-Dynastie (1368-1644) schritt die Integration von ethnischen Gruppen voran. Das Gelingen der (Fremd-)Herrschaft der Manschuren der Qing-Dynastie (1644-1911) konnte nur

Ein Mädchen der Nationalen Minderheit der Sani in ihrer Feiertagstracht.

realisiert werden durch die Annahme der chinesischen Kultur durch die Manschu-Kaiser und den Manschu-Adel.

Die Entstehung der chinesischen Völkerfamilie im Verlauf der chinesischen Geschichte ist Resultat von Verflechtungen vieler ethnischer Gruppen. Da heutzutage in der Volksrepublik China die Han-Chinesen mit etwa 92 Prozent den überwiegenden Teil der chinesischen Bevölkerung stellen, spricht man bei den übrigen 55 in China vertretenen Volksgruppen von den so genannten »Nationalen Minderheiten«. 53 Minderheiten sprechen eigene Sprachen, 23 verfügen über eine eigene Schrift und pflegen ihre eigenen Sitten und Gebräuche in unterschiedlicher Ausprägung. Bei den von ihnen praktizierten Religionen findet sich z.B. der (Hinayana-)Buddhismus; einige Minderheiten gehören dem Islam oder dem Christentum an. Weitere Religionen sind der Schamanismus, die orthodoxe Ostkirche oder die Dongba-Kirche.

KAPITEL 3

BLICK AUF DIE CHINESISCHE GESCHICHTE

Legenden, Kaiser, Dynastien

In prähistorischer Zeit lebten viele Stämme und Clans in den weiten Ebenen im Einzugsgebiet des Gelben Flusses und des Yangtze. Hier befindet sich die Wiege Chinas. Und von hier stammen die Legenden vom Ursprung der Chinesen. Im Allgemeinen spricht man bei der chinesischen Geschichte von der »5000 Jahre alten Zivilisation«. Zur genaueren Datierung haben zahlreiche archäologische Funde, darunter viele umfangreiche aus den letzten Jahrzehnten, beigetragen. Dennoch lässt sich derzeit noch nicht mit Sicherheit sagen, wann genau die chinesische Zivilisation begann.

Die Einteilung der chinesischen Geschichte in Dynastien beginnt mit der so genannten Xia-Dynastie (21.-16. Jh. v. Chr.). Die Meinungen der Forscher über diese Zeit variieren sehr, stellt diese Dynastie doch den Übergang zwischen überlieferten Legenden und als später zu datierenden ersten historischen Aufzeichnungen dar. Ärchäologische Funde weisen auf die Zeit davor und lassen sich als frühgeschichtlich (neolithisch) periodisierenden. 1983 stieß man in Yuyang (Provinz Henan) auf eingeritzte Symbole aus einer Zeit von vor 7000 Jahren. Einige Wissenschaftler halten sie für die Vorläufer der Orakelknocheninschriften. Wenn sie Recht haben, könnte die schriftlich niedergelegte Geschichte bereits hier einen Ausgangpunkt haben. Zwei Jahre zuvor entdeckte man in der Provinz Hubei, im archäologischen Fundort Yangjiawan in Yichang, Tonscherben mit abstrakten Symbolen. Sollte es sich bei diesen Einritzungen um frühe Schriftzeichen handeln, ließen diese Funde auf etwa eine sechstausendjährige Geschichte schließen. Die im Jahre 1988 ausgegrabenen Funde der so genannten »Hongshan-Kultur« aus der Fundstätte Chahai in Fuxin (Provinz Liaoning) deuten sogar auf eine 8000 Jahre alte Geschichte.

1993 legten chinesische Archäologen bei Ausgrabungen in der Nähe des Yangtze-Staudamms auf der Insel Zhongbao im Yangtze einen reichen Fund frei. Er umfasste Stücke aus der Frühsteinzeit von vor über 6000 Jahren über die Xia-, Shang-, Zhou-, Qin-, Han-, Tang-, Song-, Yuan-, Ming- und Qing-Zeit. Es ist gleichsam eine im Boden vergrabene »Ausstellung der chinesischen Geschichte«.

Legenden vom »Gelben Kaiser« und Kaiser Yan

Die Legenden der Vorzeit berichten von den mythischen ersten Herrschern Chinas, wie dem »Gelben Kaiser«, der Anführer eines Stammes im Nordwesten war. Als mythische Persönlichkeit verehrt, schrieben ihm die Überlieferungen zahlreiche Errungenschaften zu: Er soll das Gemeinwesen und die Erziehung gefördert sowie Ackerbau und Tierhaltung entwickelt haben. Unter seiner Herrschaft sollen der Brunnenbau, Mörser und Stößel, Pfeil und Bogen, das Zähmen von Ochsen und das Aufzäumen von Pferden, das Fahren mit Wagen und der Bootsbau entdeckt und gefördert worden sein. Seine Ehefrau Leizu unterrichtete den Stamm darin, wie man Seidenraupen aufzieht und Kokons abhaspelt, wie man Stoffe färbt und Kleidung und Fußbekleidung herstellt. Sein Geschichtsschreiber Cang Jie soll die Schriftzeichen entwickelt, der Astronom Danao den Lauf der Sonne und des Mondes verzeichnet haben. Geschaffen wurde ein Kalendersystem von »Zehn Himmelsstämmen« und »Zwölf Erdzweigen«. Musikinstrumente schuf der Hofmusikant Ling Lun.

Der Stamm des »Gelben Kaisers« wurde – nicht nur kulturell – immer mächtiger und nahm nach und nach andere Stämme der Region in sich auf. Er wanderte von seiner ursprünglichen Heimat in Shaanxi im Nordwesten in die Gebiete am Mittellauf des Gelben Flusses; dann begab er sich weiter nach Osten und ließ sich schließlich in der Nähe des heutigen Zhuolu in der Provinz Hebei nieder. Als der Stamm des »Gelben Kaisers« in die Gebiete am Mittel- und Unterlauf des Gelben Flusses kam, drangen dort ebenfalls der aus dem Westen kommende Stamm des Kaisers Yan und die aus dem Süden stammende ethnische Gruppe der Jiuli ein.

Der Stamm des Kaisers Yan soll sich beim Fluß Jiang im Osten von Qishan (Provinz Shaanxi) entwickelt haben. Er wanderte entlang des Flusses Wei und des Gelben Flusses gen Osten in den Südwesten von Henan und weiter bis in das Gebiet des heutigen Shandong.

Kaiser Yan und der »Gelbe Kaiser« werden als chinesische Urahnen verehrt. Eine weitere legendäre Figur ist Chi You, der Anführer des Stammes der Jiuli im Süden. Die Jiuli sollen damals bereits das Kupferschmelzen beherrscht haben. Kulturell waren sie weiter entwickelt als die Stämme des »Gelben Kaisers« und des Kaisers Yan. Die Jiuli drängten weiter nach Norden. Als sie die Gebiete am mittleren und unteren Gelben Fluss erreichten, kam es zum Krieg mit dem ebenfalls nach Shandong eindringenden Stamm des Kaisers Yan. Letzterer wurde geschlagen und bat den »Gelben Kaiser« um Hilfe. Mit vereinten Kräften griffen die Streitkräfte Chi You an, vermochten ihn aber zunächst nicht zu besiegen. Die entscheidende Schlacht gegen den Stamm der Jiuli fand in der Ebene von Zhuolu statt. Es war eine grausame Schlacht. Wind, Regen und Dürre, der Legende nach um Hilfe angerufen, überzogen das Schlachtfeld mit dichtem Nebel und trockenem Staub, heulendem Wind und peitschendem Regen. Da der »Gelbe Kaiser« den Kompass erfunden hatte, konnten sich mit dessen Hilfe seine Streitkräfte orientieren. Chi Yous

Truppen wurden geschlagen, er selbst fiel und der Stamm der Jiuli löste sich auf. Ein Teil folgte dem »Gelben Kaiser« und ging später im Volk der Huaxia auf. Einige begaben sich nach Süden und wurden die Vorfahren von ethnischen Minoritäten im Süden des Landes. Wieder andere flohen über die See.

Die Zeit vor der Qin-Dynastie

Auf 2000 v. Chr. wird die Xia-Dynastie mit Yu als ihrem ersten Herrscher datiert. Legenden und Überlieferungen zufolge wurde die Xia-Dynastie während ihrer Dauer von 400 Jahren von 14 Generationen regiert und hatte 17 Könige, als letzten den Despoten Jie. Historisch ist die Existenz dieser Dynastie jedoch als ungesichert zu betrachten. Dennoch gibt es viele Erkenntnisse über die gesellschaftlichen Entwicklungen der chinesischen Bronzezeit, die den Xia zugerechnet werden. So soll sich in dieser Zeit das Erbfolgesystem dieses archaischen Königtums entwickelt haben. Parallel dazu wurde das Land in neue Verwaltungsgebiete eingeteilt und nicht mehr wie früher von Verwandten des Herrschers, sondern von Beamten verwaltet. Die Xia erließen Gesetze, bauten Streitkräfte auf und richteten Gerichte ein. Es begann die Haltung von Sklaven.

In der Xia-Dynastie verstand man es bereits, Bronzegefäße zu gießen. In Erlitou (Provinz Henan) fand man Überreste von Brennöfen sowie Werkstätten, in denen die Werkzeuge aus Knochen gefertigt wurden. Die Xia konnten auch Alkohol herstellen; Handwerk und Landwirtschaft gelten als weit entwickelt.

Die drei- oder vierfüßigen Ritualgefäße vom Typ »ding« sind Beispiel für die handwerklich entwickelte Bronzekunst der Shang-Dynastie.

Der Stamm der Shang stürzte unter seinem Herrscher Tang die Xia und errichtete die Shang-Dynastie (16.-11. Jh. v. Chr.), in deren Verlauf 30 Könige regiert haben sollen. Unter Pan Geng wurde die Hauptstadt im 13. Jahrhundert v. Chr. nach Yin (das heutige Anyang in der Provinz Henan) verlegt; es war nicht die erste Verlegung der Hauptstadt durch die Shang. Yin aber blieb Hauptstadt, und diese Stabilität ließ die Wirtschaft prosperieren. Auch die Kultur blühte und die Shang-Dynastie wurde zu einer der führenden Zivilisationen in der damaligen Welt. Im Jahr 1928 begannen die Ausgrabungen im ehemaligen Yin, im Dorf Xiaodun bei Anyang. Dort wurden bisher unzählige archäologische Schätze freigelegt, darunter Bronzegefäße, Jade- und Steinarbeiten, Elfenbeinschnitzereien und Muschelgeld. Sie geben Zeugnis von der Blüte der Stadt von vor 3000 Jahren.

Da die freigelegten Kupferschmelzöfen pro Tiegel nur 12,7 Kilogramm Kupfer fassen konnten, musste man, um ein monumentales Bronzegefäß für Speiseopfer herzustellen, viele Öfen gleichzeitig befeuern. Am Guss eines großen Bronzegefäßes – zum Beispiel eines Dreifußes vom Typ »ding« – arbeiteten Hunderte von Sklaven. Das »Simuwu ding« ist mit einem Gewicht von 875 Kilogramm und einer Höhe von 1,33 Metern das schwerste bislang freigelegte Ritualgefäß seiner Art. Die Herstellung einer solchen Bronze wäre selbst für die heutige Technik eine Herausforderung.

Neben Metallverhüttung, Ackerbau und Viehzucht war die Shang-Dynastie besonders fortschrittlich im Tauschhandel; ihr Handelsgebiet reichte bis in die chinesischen Küstengebiete im Südosten. Bei den zahlreichen Kupfermünzen, die man in den Ruinen von Yin gefunden hat, dürfte es sich um eine der ältesten Münzwährungen der Welt handeln. Als die Shang-Dynastie von den Zhou niedergeworfen wurde, übernahmen diese die Tauschwirtschaft der Shang. Diejenigen, die Handel trieben, nannte man »Shang-Leute« – »Händler«. Einige Historiker schließen daraus, dass die noch heute verwendeten chinesischen

Worte für »Händler«, »Handel«, »Geschäft« und »Waren«, die sämtlich die Silbe *»shang«* enthalten, auf den Tauschhandel in der Shang-Dynastie zurück gehen.

Zu den großen Errungenschaften der Shang-Dynastie gehören die Orakelknocheninschriften; sie sind Zeugnisse der ersten schriftlichen Dokumente der Chinesen und Ursprung der chinesischen Schrift. Die Shang brachten auch das Kalendersystem von »Zehn Himmelsstämmen« und »Zwölf Erdzweigen« hervor. In diesem für die damalige Zeit weit entwickelten Zeitrechnungssystem bilden sechzig Jahre einen Kreislauf; ein Jahr umfasst zwölf Monate, ein Schaltjahr dreizehn.

Mitte des 11. Jahrhunderts v. Chr. gründeten König Wen und König Wu der Zhou die Westliche Zhou-Dynastie (11. Jh.-771 v. Chr.). Metallverarbeitung und Landwirtschaft entwickelten sich, auch Seidenspinnerei und Färbetechnik waren ihrer Zeit voraus. Die Sklavenhaltergesellschaft formte sich weiter aus und das bürokratische System wurde weiter vervollkommnet. Damals bestand das Land aus einer Vielzahl kleiner Staaten, die den König der Zhou als ihren gemeinsamen Herrscher anerkannten. Seine Souveränität beschränkte sich jedoch auf das zentrale, ihm direkt unterstehende Gebiet. Man nannte es »Zhongguo« 中國, das »Mittlere Reich«, war es mit der zentralen Hauptstadt doch Symbol oberster Autorität. Im Laufe der Zeit wurde »Zhongguo« zum Synonym und Namen für ganz China.

Der Westlichen Zhou-Dynastie schloss sich die Östliche Zhou-Zeit (770-256 v. Chr.) an. Der Name geht zurück auf die Verlegung der Hauptstadt gen Osten nach Luoyi (westlich des heutigen Luoyang, Provinz Henan).

Neben dieser Einteilung in zwei Perioden existieren weitere traditionell überlieferte Phasen: Laut den Reichsannalen von Lu in Shandong fällt in die Östliche Zhou-Zeit zum einen die so genannte »Frühlings- und Herbstperiode« (Chunqiu-Periode; 722-476 v. Chr.), zum anderen die »Zeit der Streitenden Reiche« (Zhangguo-Periode; ca. 453-221 v. Chr.).

47

Diese beiden Zeitabschnitte schufen die Vorraussetzungen für die Einheit und Blüte Chinas in der nachfolgenden Qin- (221-206 v. Chr.) und Han-Dynastie (206 v. Chr.-220 n. Chr.):

Dazu zählt erstens die Entwicklung der Produktivität als Vorbereitung für die spätere wirtschaftliche Blüte Zentralchinas. In der Zhou-Zeit wurden die Grundlagen für Ackerbau, Viehzucht, Handwerk und Textilherstellung sowie den Handel gelegt. Man baute vielerlei Feldfrüchte an, die so genannten »Hundert Getreide«. Da es großen Bedarf an Geräten für den Ackerbau und an Waffen gab, war die Metallverarbeitung weit entwickelt. In der ausgehenden Westlichen Zhou-Zeit gab es die ersten Gerätschaften aus Eisen; in der ausgehenden »Frühlings- und Herbstperiode« wurde die Technik für die Eisenverhüttung weiter entwickelt. Dies wiederum brachte die Produktion entscheidend voran: Große Flächen konnten urbar gemacht und bestellt werden; das Handwerk trennte sich von der Landwirtschaft. So wurde das alte, auf Sklaverei aufbauende Wirtschaftssystem allmählich von einem feudalistischen abgelöst. Fortschritte in der Textilherstellung und der Färbetechnik erleichterten den Alltag.

Zweitens waren auch die politischen und gesellschaftlichen Veränderungen immens: Zu Beginn der Zhou-Zeit gab es viele Lehnsgüter und Lehnsfürsten, die im ständigen Konflikt miteinander lagen. Vor diesem Hintergrund erfolgte die spätere Einigung des Reichs in der Qin- und Han-Zeit. Die Fürsten hatten eine ganze Hierarchie von Ministern, Sekretären und Schreibern unter sich. Es gab fünf Adelsstufen: Prinz, Fürst, Graf, Baron und Freiherr. Unmittelbar dem Herrscher unterstellt waren der Oberste Lehrer und der Oberste Wächter, die ihn in den allgemeinen Staatsangelegenheiten unterstützten, sowie der Landwirtschaftsminister, der Minister für Öffentliche Bauten, der Kriegsminister, der Oberste Schreiber für Astronomie und Geschichte sowie der Oberste Weissager für Religion und Opferzeremonien. Diese Verwaltungsstruktur und die aus ihr gewonnenen Erfahrungen machten sich später die Herrscher der Qin und Han zunutze.

Besonders bedeutsam – und zwar bis zur heutigen Zeit – sind drittens die Grundlagen auf dem Gebiet der Philosophie. In der »Frühlings- und Herbstperiode« und der »Zeit der Streitenden Reiche« waren Kultur und intellektuelle Auseinandersetzung besonders lebendig. Es war eine Periode eingehender Untersuchungen und engagierter Debatten: Verschiedene Fragen wurden kontrovers erörtert, unterschiedliche Gedankenschulen, Methodologien und Strategien wetteiferten miteinander. Diese lebendigen geistigen Auseinandersetzungen ließen die Philosophie und Kultur erblühen wie noch nie zuvor: Der Konfuzianismus des Konfuzius (551-479 v. Chr.), der Daoismus eines Laotse, die universelle Liebe eine Mengzi (Menzius; ca. 372-289 v. Chr.) und der Legalismus eines Han Feizi (280-234 v. Chr.) – dies sind die Schulen, auf die sich die chinesische Kultur gründet.

Die Philosophie – insbesondere die sich mit der Gesellschaft und der Tugend befassenden Lehren – ist die theoretische Grundlage für Regierung und Verwaltung eines Landes durch die herr-

Bildnis des Konfuzius in einer Idealdarstellung auf einer Steingravierung in seinem Geburtsort Qufu (Provinz Shandong).

49

schende Schicht. Die so genannten »Hundert Schulen« in der »Frühlings- und Herbstperiode« und in der »Zeit der Streitenden Reiche« legten die theoretischen Grundlagen für die Erfolge der Qin- und Han-Zeit.

Von Karl Jaspers (1883-1969) stammt die Theorie von der Achsenzeit der Kultur in der Menschheitsgeschichte um 500 v. Chr. Vier der alten Zivilisationen der Welt stellten entsprechend ihrem Verständnis von der Welt metaphysische Fragen und erarbeiteten Lösungen für sie. So formte sich ihre jeweilige Denkweise. Jaspers zufolge haben diese vier Zivilisationen – die der Griechen, der Römer, der Inder und der Chinesen –, obwohl sie nicht miteinander in Verbindung standen, alle die gleichen Fragen gestellt; ihre Antworten indes waren unterschiedlich. Die moderne Zivilisation sei vom Fortleben, der Entwicklung und Anpassung dieser vier Zivilisationen und ihrer Denkweisen beeinflusst. In diese Achsenzeit fielen in China die »Frühlings- und Herbstperiode« und die »Zeit der Streitenden Reiche«.

Die Qin- und Han-Dynastie

In die Qin- (221-206 v. Chr.) und Han-Zeit (206 v. Chr.- 220 n. Chr.) fällt die erste Blüte der chinesischen Zivilisation. Yingzheng war König von Qin, einem der sieben Staaten der »Streitenden Reiche«. Als Herrscher mit Talent und Weitblick war er fest entschlossen, das Land zu reformieren und militärisch zu stärken. Im Jahr 221 v. Chr. besiegte er die anderen sechs Staaten und begründete einen Zentralstaat. Es war das erste große geeinigte chinesische Reich in Zentralchina mit einer bis dahin ungekannten Ausdehnung. Etabliert wurde ein erstes feudalistisches Rechtssystem, das in seinen Grundzügen über 2100 Jahre Bestand haben sollte.

Von 221-210 v. Chr. herrschte Yingzheng als »Erster Kaiser von Qin« (*Qin Shihuang*). Er vereinheitlichte die Schrift, die

Gewichte und Maße sowie Spurbreiten. Er baute Straßen und Kanäle – und errichtete die Große Mauer. Die Bezeichnung »Leute von Qin« (*Qin ren*) wird noch heute in einigen Ländern für die Benennung von Chinesen benutzt. Wahrscheinlich hat auch der Begriff »China« bei den »Leuten von Qin« seine Wurzeln.

Das bekannteste Zeugnis der Regierung von Qin Shihuang ist heute eine der größten archäologischen Attraktionen Chinas: die freigelegte Terrakotta-Armee in der Nähe von Xi'an. Sie ist Bestandteil der Grabanlage dieses auch als »Erster großer chinesischer Kaiser« berühmt gewordenen Herrschers. Obwohl die Qin-Dynastie nur von kurzer Dauer war und von einem Bauernaufstand – angeführt von Cheng Sheng und Wu Guang – gestürzt wurde, war sie doch die Grundlage für das Prosperieren der nachfolgenden Han-Dynastie.

Die Han-Dynastie wird in die Westliche und die Östliche Han-Dynastie unterteilt. Die Westliche Han-Dynastie währte von 206 v. Chr. bis 8 n. Chr. und wurde von einem Bauernaufstand beendet. Liu Xiu schlug alle anderen Kriegsherren, etablierte schließlich in Luoyang die Östliche Han-Dynastie und ernannte sich selbst zum Kaiser Guangwu. Er regierte von 25-57 n. Chr.; insgesamt dauerte die Östliche Han-Zeit von 25-220 n. Chr.

Kaiser Guangwu war einer der wenigen chinesischen Kaiser, die eine Dynastie wieder zum Leben erweckten. Unter seiner Regierung wurden Ziviles und Militärisches wieder in Balance gebracht. Doch trotz seiner Verdienste gelang es der Östlichen Han-Dynastie nicht, es mit der Blüte und Macht der Westlichen Han-Zeit aufzunehmen. Aus den Ursachen für den Niedergang der Qin-Dynastie zogen die frühen Han-Herrscher eine Lehre. Sie verminderten die Höhe der Abgaben und die Zahl der Frondienste und gewährten dem Volk so manche Erleichterungen. Das soziale, politische und wirtschaftliche Leben gelangte wieder in positive Bahnen.

Als mit Liu Che – oder Kaiser Wu (Regierungszeit 140-87 v. Chr.) – die vierte Generation bzw. der fünfte Kaiser den Thron bestieg, erlebte das Land erneut einen Aufschwung. Zu Kaiser Wus wichtigsten Leistungen zählt, dass er politisch die Macht der Lehnsfürsten schwächen konnte und separatistische Kräfte niederwarf. Er festigte die von den Qin aufgebaute Zentralmacht. Von den hierbei verwendeten Methoden und seinen Reformen bei der Rekrutierung und Beförderung der Beamten haben sich viele

spätere Herrscher leiten lassen. In der Wirtschaft reformierte er das Währungssystem und entwickelte den Handel. Er errichtete Wasserbauanlagen und förderte die Landwirtschaft. Salzförderung

Die Terrakotta-Armee im Mausoleum des ersten Kaisers Qin Shihuang umfasst 6000 Kriegerstatuen und Pferde in Originalgröße.

und die Eisenherstellung wurden zum Monopol des Staates und erhöhten so dessen Einnahmen. Die beispiellosen wirtschaftlichen Erfolge erlaubten ihm, mit seiner starken Streitmacht vielerorts militärische Expeditionen durchzuführen. Kaiser Wu führte drei große Kriege gegen die unablässig ins nördliche Grenzgebiet eindringende berittene Armee des Nomadenvolkes der Xiongnu; es gelang ihm, die nördlichen Gebiete zu sichern.

Was das Verhältnis zu anderen Ländern anging, entsandte er den kaiserlichen Emissär Zhang Qian nach Zentralasien, um Beziehungen mit den westlich von China lebenden Völkerschaften aufzubauen. Dies war der Beginn eines Austauschs mit

Der aus 20 Teilen bestehende Schmuck aus Jade, Gold und Glas stammt aus einem Königsgrab der Westlichen Han-Dynastie.

den Ländern Ost-, Zentral- und Westasiens sowie Nordafrika. Chinesische Seide wurde bis ans Mittelmeer gehandelt, bis hin nach Alexandria an der Küste Ägyptens. Die über 7000 Kilometer lange Seidenstraße verband China mit Eurasien; sie erweiterte den Gesichtskreis der Menschen im Osten und brachte exotische Spezialitäten und bis dahin Ungehörtes aus dem Westen mit. Die Seidenstraße verbreitete umgekehrt die weit entwickelte chinesische Kultur nach Zentral- und Westasien bis hin nach Europa. Sie spielte bei der Entwicklung der Zivilisation und im Kulturaustausch zwischen Ost und West eine bedeutende Rolle. Nicht zuletzt gelangte der Buddhismus in der ausgehenden Westlichen Han-Zeit u.a. über die Seidenstraße nach China.

In dieser Epoche lebte ebenfalls der große Historiker, Schriftgelehrte und Denker Sima Qian (ca. 145-90 v. Chr.). Von ihm stammen die eindrucksvollen »Aufzeichnungen der Historiker« (*Shiji*) mit präzisen und lebendigen Schilderungen der Geschichte von ihren Anfängen bis zu der Zeit ihrer Abfassung. Sima Qians eleganter Stil wurde Vorbild für das Prosaschaffen späterer Generationen. Ihm ging es um die Wahrheit und nicht darum, Respektspersonen in Schutz zu nehmen – eine Einstellung, die spätere Historiker sehr zu schätzen wussten. Sima Qians außergewöhnliche Gedankensätze in Wirtschaft, Militärwesen, Kultur und Politik fanden bei nachfolgenden Generationen große Beachtung.

Die Zivilisation der Han prägte die Geschichte nachhaltig. Alle Chinesen, die nicht zu anderen ethnischen Gruppen gehören, bezeichnet man noch heute als »Han-Chinesen«. Sie machen den Großteil der Bevölkerung Chinas aus. Begriffe, die etwas typisch Chinesisches bezeichnen, wie »chinesische Sprache« (*hanyu*) oder »Sinologie« (*hanxue*), beginnen sämtlich mit der Silbe »han«. Dies zeugt vom großen Einfluß der Han-Zeit und ihrer Zivilisation.

Die Wei- und Jin-Dynastie

Kriegswirren und eine Vielzahl komplexer Auseinandersetzungen spalteten China in der Wei-Zeit (220-265), in der Jin-Zeit (265-420) und in den Südlichen und Nördlichen Dynastien (420-589 n. Chr.). Gab es in Wirtschaft und Produktion auch kaum Fortschritte, so konnten Kultur, Wissenschaft und Technik doch große Leistungen vorweisen. Die Berechnung der Zahl π – des Verhältnisses des Umfangs eines Kreises zu seinem Durchmesser – durch den Mathematiker Zhu Congzhi (429-500) war auf sieben Stellen hinter dem Komma genau. Zu wichtigen Werken der Wissenschaft jener Zeit gehören die »Anmerkungen zu den Wasserwegen« (*Shui jing zhu*) des Geographen Li Daoyuan (466 bzw. 472-527) und »Die wichtigsten Techniken für die Wohlfahrt des Volkes« (*Qi min yaoshu*) des Agrarwissenschaftlers Jia Sixie.

In Literatur und Kunst waren die Prosagedichte eines Zuo Si (ca. 250-ca. 305) und die Kalligraphie eines Wang Xizhi (321-379) von großer Kunstfertigkeit. Das von Ji Kang (224-263) für das siebensaitige Zupfinstrument »guqin« komponierte »Guangling san« ist eines der zehn Meisterstücke der traditionellen chinesischen Musik. Die Malerei eines Gu Kaizhi (345-406) ist bis auf den heutigen Tag der Stolz Chinas. Die Dichtung von Tao Yuanming (365-427) wird auch heute noch gelesen und rezitiert. Liu Xies »Literarische Gesinnung und das Schnitzen von Drachen« (*Wenxin diaolong*) und Zhong Rongs (469-518) »Klassifizierung der Dichtung« (*Shi pin*) sind die ältesten Untersuchungen der »Literatur und Dichtkunst innewohnenden Gesetze«. Cao Cao (155-220) und seine Söhne Cao Pi (187-226) und Cao Zhi (192-232) – die so genannten »Drei Caos« – sind mit ihren literarischen Meisterwerken das Dreigestirn der chinesischen Literaturgeschichte aus dieser Epoche.

Des Weiteren zeugen die buddhistischen Grotten von Yungang bei Datong in der Provinz Shanxi und von Longmen bei Luoyang in der Provinz Henan vom Einfluß des Buddhismus in der

Nördlichen Wei-Zeit (385-534) ebenso wie die einzigartigen Grotten von Dunhuang in der Provinz Gansu aus der Zeit der Sechzehn Staaten (304-439 n. Chr.). Sie sind Kulturschätze der gesamten Menschheit.

Die Kollossalstatuen aus dem 5. Jahrhundert schmücken die Drachentor-Grotten (Longmen-Höhlen) des Felsentempels Fengxian bei Luoyang (Provinz Henan).

Die Sui- und Tang-Dynastie

Die Zeit der Sui- (581-618) und der Tang-Dynastie war eine der blühendsten und glorreichsten Perioden in der chinesischen Geschichte. Im Jahr 581 zwang Yang Jian, der große General des Nördlichen Zhou-Reichs (557-581), den Zhou-Kaiser zum Rücktritt. Er ernannte sich selbst zum Kaiser, gab der neuen Dynastie den Namen »Sui« und machte Chang'an zu ihrer Hauptstadt. Nachdem er die militärische Bedrohung durch die Turk-Stämme im Norden niedergeschlagen hatte, schickte er seine Streitkräfte nach Süden. Nur vier Monate brauchten sie, um das dort gelegene Reich der Chen niederzuwerfen und China zu vereinigen. Das war im Jahr 589 n. Chr. Im großen Land der Sui-Herrscher, das sich vom Meer im Osten bis zur Wüstenlandschaft im Westen erstreckte, entfaltete sich ein Wohlstand, wie er in der Geschichte selten war. Yang Jian – mittlerweile Kaiser Wen von Sui (Regierungszeit 581-604) – führte eine Reihe von Reformen durch, die das Land reich und das Volk wohlhabend werden ließen. Die Bevölkerung wuchs und die Getreidelager waren voll, so dass die Regierung das »Dekret Reichtum für das Volk« erließ. Doch Yang Jians zweiter Sohn Yang Guang ermordete den Vater und den älteren Bruder und bestieg als Kaiser Yang von Sui (Regierungszeit 604-618) den Thron. Ihm ist der Bau des Kaiserkanals, der den Süden mit dem Norden des Landes verbindet, zu verdanken. Die chinesische Geschichtsschreibung kritisiert ihn für Ausschweifungen und Tyrannei; seine Herrschaft leitete den Niedergang der ehemals so prosperierenden Sui-Dynastie ein.

Die Tang-Dynastie etablierte sich am Ende der Sui-Zeit inmitten kriegerischer Aufstände von Rebellenarmeen. Sie übernahm die Reste von Macht und Reichtum der Sui.

Zwei Tang-Kaiser sind besonders erwähnenswert: Der eine ist Taizong (Li Shimin; Regierungszeit 626-649). Beim »Zwischenfall beim Xuanwu-Tor« ermordete er seinen älteren Bruder, drängte den Vater vom Thron und übernahm selbst die Herrschaft. Der Niedergang der Sui-Dynastie hatte Kaiser Taizong die Bedeutung des Ausspruchs »Wasser kann ein Boot tragen, aber auch kentern lassen« verinnerlichen lassen. Er verminderte Frondienste und Steuern, damit sich das Land erholen und wieder aufblühen konnte. Bei der Auswahl der Fähigsten und Pflichtbewußtesten für Posten in Staatsämtern bewies er eine kluge Hand und verbesserte das System der Beamtenprüfungen. Im Kontakt mit anderen ethnischen Gruppen versuchte Taizong, sie durch Heirat mit den Han-Chinesen einzubinden.

Der andere berühmte Tang-Kaiser ist Xuanzong (Li Longqi; Regierungszeit 712-756). Er war ein Enkel der Kaiserin Wu Zetian (Regierungszeit 690-705), der einzigen Kaiserin in der Geschichte Chinas. Die Legenden, historischen Romane und Gedichte über ihn leben auch nach über 1000 Jahren noch in der Literatur, auf der Leinwand und im Fernsehen weiter. Der Höhepunkt der Tang-Zeit fällt in seine Regierungszeit. Der Staat war gut verwaltet, das Volk lebte im Wohlstand. Xuanzongs Regierung stand unter einem guten Stern: Seine kaiserlichen Vorfahren hatten eine solide wirtschaftliche Grundlage gelegt; seine Großmutter, Kaiserin Wu Zetian, hatte die Macht des Staates gefestigt und das Staatsgebiet konsolidiert. Noch jung an Jahren ordnete Xuanzong die Zivilverwaltung und das Militär, machte den Beamtenapparat leistungsfähiger. Die stabile politische Lage sicherte die gesellschaftliche und wirtschaftliche Entwicklung. Der Landwirtschaft ging es gut und der Handel florierte. Xuanzong ließ eine Volkszählung durchführen und ordnete den Grundbesitz neu, er stärkte die Finanzverwaltung und ließ so den Reichtum der Tang-Dynastie weiter anwachsen.

Kaiser Xuanzong stärkte das Land auch nach außen, indem er das Militär förderte und die Stabilität in den nördlichen Grenzregionen und im Hexi-Korridor (einem von Gebirgen gesäumten strategisch wichtigen Teil der Seidenstraße) sicherte. Das Tang-Reich dominierte ganz Asien und sah sich selbst

als kulturelles Zentrum der Welt. Straßen und Wasserwege verbanden es mit anderen Kontinenten. Die Tang-Dynastie trieb Handel mit den Ländern des Pazifik, des Indischen Ozeans und des Mittelmeers. Ostasiatische und persische Händler traf man in ganz China an. Mit Westasien und Nordafrika unterhielt das Tang-Reich rege Handelsbeziehungen. Von überall her kamen die Fremden – in der Hauptstadt Chang'an lebten über 30000 Diplomaten, Händler und andere Ausländer. Die Macht und der Prunk von Chang'an zog unzählige ausländische Emissäre und Händler aus Europa und Asien an. Mit den belebten Straßen, den reich ausgestatteten Märkten, den Bühnen für Musik und Tanz und der üppigen Unterhaltung war es die größte Metropole der Welt. Leider fiel die Stadt später den Flammen des Krieges zum Opfer und wurde unter Staub und Asche begraben. Wo sich einmal Chang'an befand, erhebt sich seit der Ming-Zeit Xi'an; allein die Große Wildgans-Pagode und der Tempel des Grünen Drachen geben Zeugnis von der imposanten Größe der Stadt in der damaligen Zeit.

Priester und Mönche, Wissenschaftler und Studenten kamen von fern in das Tang-Reich. Japan entsandte zehn Delegationen über das Meer nach Chang'an. Beamte, Geistliche und Handwerker unterschiedlichster Herkunft kamen nach China, um dort zu lernen; einige wurden sogar Beamte der Tang-Dynastie. Sie trugen dazu bei, dass sich die tangzeitliche Kultur weithin verbreitete. Der Mönch Xuanzang (602-664) reiste nach Indien und brachte buddhistische Schriften mit nach China, wo sie im Hongfu-Tempel in Chang'an aufbewahrt wurden. Der Buddhismus breitete sich von Indien nach Osten aus; auch das Christentum und der Islam gelangten damals nach China. Fremde Kulturen vermischten sich mit der chinesischen Kultur.

Die chinesische Plastik einer knienden Hofdame mit Flöte war eine Grabbeigabe zur Zeit der Tang-Dynastie.

Einige Einflüsse assimilierten sich sogar so weit, dass sie heute für »typisch chinesisch« gehalten werden wie Früchte und Musik aus Xinjiang und Zentralasien, Brokat aus Persien, Bildhauerei aus Indien und medizinische Lehrwerke und Kräuter aus Korea.

Noch bemerkenswerter ist die Dichtkunst dieser Epoche. Im Jahr 1705 wurde ein Teil der besten Tang-Gedichte in der »Vollständigen Sammlung der Tang-Dichter« (*Quantangshi*) veröffentlicht. Sie enthält fast 50000 Gedichte von 2300 Dichtern. Die »Vier herausragenden Literaten« der frühen Tang-Zeit waren Wang Bo (ca. 650-676), Yang Jiong (650-700?), Lu Zhaolin (650?-689) und Luo Binwang (ca. 640-684). In der Hochzeit der Tang-Dynastie traten die so genannten »Grenzdienst-Dichter«, darunter Gao Shi (702?-765), hervor. Wang Wei (701-761) und Meng Haoran (689-740) besangen die Natur. Die wunderbare ewige Dichtung der Dichterfürsten Li Bai (Li Bo, 701-762) und Du Fu (701-762) steht bis heute gleichsam für die Essenz der chinesischen Kultur. Auf sie folgten Dichter wie Bai Juyi (772-846), Han Yu (768-824), Meng Jiao (751-814), Li He (791-817), Du Mu (803-852) und Li Shangyin (813-858), die alle ihre eigenen schöpferischen Besonderheiten pflegten.

Im Jahr 1987 legte man im Kreis Fufeng in der Stadt Xianyang (Provinz Shaanxi) den »unterirdischen Palast« des Famen-Tempels – des Tempels des Dharma-Tors – frei. Dabei kamen tangzeitliche Kulturschätze wieder zum Vorschein, die über 800 Jahre im Erdreich verborgen gewesen waren. Unter ihnen waren Reliquien – vier Fingerknochen Buddhas –, verschiedene Opfergeräte und wertvolle Gegenstände aus Gold, Silber, Jade und buntem Glas, außerdem noch vorzügliches Porzellan, wie es allein dem Kaiserhaus vorbehalten war. In der freigelegten Krypta gab es nicht nur einen esoterischen Mantra-Bereich für religiöse Riten und Opfer, sie zeigte auch, dass ein Zentrum des Buddhismus sich nach China verlagert hatte. Die archäologischen Funde umfassen in Stein gemeißelte Inventarlisten, die sogar die Namen der Handwerker aufführten. Die Krypta gibt Aufschluss sowohl über die Geschichte des Buddhismus und die buddhistische Lehre als auch über das ungeheure künstlerische und handwerkliche Geschick der mittleren bis späten Tang-Zeit (Textilherstellung, Färben, Herstellung von buntem Glas, Gold- und Silberarbeiten, Jadeschnitzerei, Teekultur) sowie den kulturellen Austausch Chinas mit anderen Ländern.

Auf die Höhepunkte der Sui- und Tang-Zeit folgte die Zeit der Fünf Dynastien (907-960) und Zehn Staaten (907-979). In Nordchina, wo fünf Dynastien in kurzer Folge einander ablösten, war die politische Lage verworren, und es gab Machtkämpfe innerhalb der Herrscherhäuser. In den Zehn Staaten in Südchina hingegen ging es friedlicher zu, und die landwirtschaftliche Produktion überholte die des Nordens.

Die Song- und Yuan-Dynastie

Als Zhao Kuangyin (Regierungszeit 960-976) die Song-Dynastie (960-1279) gründete, machte er Bianjing – das heutige Kaifeng – zu ihrer Hauptstadt. Später verlegte man die Hauptstadt weiter in den Süden nach Lin'an, das heutige Hangzhou. Deshalb wird diese Epoche in zwei Phasen unterteilt; man spricht von der Nördlichen Song-Zeit (960-1126) und der Südlichen Song-Zeit (1127-1279). In den 320 Jahren der Song-Zeit regierten 18 Kaiser. Es war eine militärisch schwache Dynastie, die Staatsmacht verfiel und das Staatsgebiet wurde kleiner. Obwohl Zhao Kuangyin einen Ruf als aufgeklärter Herrscher genoss, konnte er die Konflikte des Reichs mit den starken Völkerschaften im Norden nicht lösen. Das Song-Reich befand sich unablässig im Krieg mit den Staaten der Volksstämme im Norden, den Steppenreichen Liao (916-1125), Jin (1115-1234) und Xixia (Westliche Xia; 1038-1227).

Trotz der angespannten politischen Lage spielte die Song-Zeit eine bedeutende Rolle für die Entwicklung der chinesischen Kultur. Die unterschiedlichen Philosophien, Religionen und

Gedankenschulen hatten sich in der Geschichte miteinander vermischt und verschiedenste Einflüsse aufgenommen, auch die des Buddhismus, Christentum und Islam. Die Song-Zeit gab diesem Gemenge wieder eine klarere Struktur. Der Neokonfuzianismus (*lixue*) setzte sich durch. Die Gelehrten annotierten und erörterten die Hauptschulen der konfuzianischen Klassiker. Allmählich bildete sich der Rahmen der traditionellen chinesischen Kultur heraus, gestützt von Konfuzianismus, Buddhismus und Taoismus. Diese fest gefügte theoretische Struktur vermochte aber auch die Essenz westlicher Einflüsse in sich aufzunehmen. So erhielt die chinesische traditionelle Kultur eine feste Grundlage und ließ zugleich Raum für zukünftige Entwicklungen. Dieser Prozess wurde im Wesentlichen in der Song-Zeit abgeschlossen. So war die Song-Dynastie trotz ihrer politischen Schwäche für die kulturelle Entwicklung Chinas von besonderer Bedeutung.

In der frühen Song-Zeit herrschten noch geordnete Zustände. Die über fünf Meter lange Bildrolle des Malers Zhang Zeduan mit dem Titel »Flussufer-Szenen am Qingming-Fest« bildet diese Blütezeit ab: Boote fahren flussauf und flussab, Waren stapeln sich zuhauf; ein Geschäft reiht sich an das andere, auf den Straßen herrscht lebhafter Verkehr. Doch währte diese Zeit des Friedens und des wirtschaftlichen Wohlstandes nicht allzu lange. Während Laternen und Lampen den kaiserlichen Palast erleuchteten, loderten an der Grenze die Signalfeuer. Großen Schwierigkeiten sahen sich die Song gegenüber, als zwei ihrer Kaiser, Huizong (Regierungszeit 1100-1125) und Qinzong (Regierungszeit 1126-1127), von eindringenden Dschurdschen der Jin-Dynastie (1115-1234) im Norden verschleppt wurden. Die Song verlegten die Hauptstadt daraufhin nach Süden.

Thema der Miniatur ist die Erstürmung einer chinesischen Festung
unter Dschingis Khan im Jahr 1211.
Sie entstand um 1590 als Illustration zu einer persischen Geschichte der Mongolen.

Als die Song und die Jin einander gegenüberstanden, trat Timujin (1167-1227) vom nördlichen Nomadenstamm der Mongolen auf den Plan. Er vereinte die Mongolen und ernannte sich selbst zum »Dschingis Khan« (Regierungszeit 1205-1227). Mit seinen Söhnen und Enkeln führte er die mongolische Armee nach Westen: Dreimal innerhalb eines halben Jahrhunderts fielen die mongolischen Reiter in Europa ein. Seine Nachkommen errichteten vier Reiche im heutigen Xinjiang in Westchina, in Russland, im Iran und in Zentralasien. Nach 40 Jahren des Widerstandes gegen die Mongolen war die Niederlage der Südlichen Song-Dynastie besiegelt.

Die Brüder Niccolo und Matteo Polo werden von Kublai Khan empfangen. Illustration aus einer Ausgabe von Marco Polos Buch »Wunder der Welt« von 1412.

Im Jahr 1271 gründete Kublai Khan (Regierungszeit 1290-1294) in Zentralchina das »Große Yuan-Reich« und bestimmte Dadu, das heutige Peking, zur Hauptstadt. Die Yuan-Dynastie (1280-1367) war die erste Dynastie in der chinesischen Geschichte, die von einer anderen Volksgruppe gegründet wurde und das ganze Land beherrschte. Ein Verdienst der Yuan-Dynastie liegt in der Beendigung der Zersplitterung und der kriegerischen Auseinandersetzungen nach der Tang-Zeit. Das Territorium der Yuan war wesentlich größer als das der Tang; es entsprach weitgehend dem Hoheitsgebiet des modernen China.

Der Austausch mit anderen Ländern erreichte in der Yuan-Zeit einen Höhepunkt. China pflegte Handelsbeziehungen mit vielen Ländern Europas, Asiens und Afrikas. Europäische Gesandte, christliche Missionare und Kaufleute reisten nach China. Der junge Italiener Marco Polo (1254-1324) lebte 17 Jahre lang im Kaiserreich der Yuan. Nach Venedig zurückgekehrt, legte er seine Beobachtungen im »Buch der Wunder« nieder. Obwohl übertrieben dargestellt, weckten seine Schilderungen von China große Neugier und eine nicht zu stillende Sehnsucht und Faszination.

In der mittleren und späten Yuan-Dynastie gab es immer mehr korrupte Beamte; ethnische Gruppen wurden unterdrückt, zwischen einzelnen gesellschaftlichen Gruppen kam es zu Konflikten. Aufstände waren die Folge. Im Jahr 1368 nahmen von Zhu Yuanzhang geführte Truppen die Hauptstadt Dadu ein – die mongolische Yuan-Dynastie stürzte. Von Kublai Khans Thronbesteigung bis zu ihrem Niedergang hatte sie 98 Jahre gedauert.

Abgesehen von den kulturellen Errungenschaften konnten die Song und Yuan eindrucksvolle Erfolge in Wissenschaft und Technik vorweisen. Die vier großen Erfindungen des Alten China – das Papier, die Druckkunst, der Kompass und das Schwarzpulver – fanden breite Anwendung. Bücher druckte man mit beweglichen Lettern, mit dem Kompass gelang es China, die größte Flotte der Welt über die Meere zu schicken; Munitionsfabriken stellten Raketen her, und das erste Kanonenrohr kam zum Einsatz.

Der große songzeitliche Wissenschaftler Shen Kuo (1031-1095) verfasste mit den »Pinselunterhaltungen am Traumbach« (*Mengxi bitan*) ein Meisterwerk über Wissenschaft und Technik. Als Dadu Hauptstadt geworden war, richtete der yuanzeitliche Astronom Guo Shoujing (1231-1316) das führende Observatorium seiner Zeit ein. Die Daoistin Huang (Huang Daopo; ca. 1245-?), die in der Textilherstellung besonders bewandert war, verbesserte die Textilmaschinen und trug so zum Fortschritt der Textilindustrie bei.

Die großen Dichter der Song-Zeit waren Su Dongpo (1036-1101), Li Qingzhao (1084-ca. 1151); Xin Qiji (1140-1207) und Lu You (1125-1210). Ihre Gedichte sind für die Ewigkeit geschrieben. Unter den Meistern des yuanzeitlichen Theaters – Guan Hanqing (ca. 1240-ca. 1320), Wang Shifu (ca. 1250-ca. 1337), Bai Pu (1227-1306) und Ma Zhiyuan (1260?-1334?) – entwickelte sich das chinesische Theater weiter.

Die Gebrüder Cheng Hao (1032-1085) und Cheng Yi (1033-1107) sowie Zhu Xi (1130-1200) fassten die unterschiedlichen Gedanken der traditionellen chinesischen Philosophie zu einer Synthese zusammen. Der von Sima Guang (1019-1986) zusammengestellte »Durchgehende Spiegel zur Hilfe bei der Regierung« (*Zizhi tongjian*) ist ein allgemeines, chronologisch aufgebautes Geschichtswerk über 1300 Jahre Geschichte.

Die Ming- und Qing-Dynastie

Der Beginn der Ming-Dynastie ist auf das Jahr 1368 datiert; ihre Hauptstadt war zunächst Yingtianfu, das heutige Nanjing (Provinz Jiangsu). In der frühen Ming-Zeit war China wirtschaftlich weit

Chinesische Vase aus der Zeit der Ming-Dynastie (Ende 15. Jahrhundert).

entwickelt. Dies gilt insbesondere für die Regionen südlich des Yangtze, die in der Zeit der Fünf Dynastien und Zehn Staaten im 10. Jahrhundert wirtschaftliches Zentrum geworden waren und sich nun auf der Schnittstelle zu einer kapitalistischen Wirtschaftsform befanden. Dort blühte der Handel. Der Gründer der Ming-Dynastie, Zhu Yuanzhang (Regierungszeit 1368-1398), verbesserte die staatliche Finanzverwaltung und das Leben des Volkes und festigte so die neue Dynastie. Nach seinem Tod bestieg einer seiner Enkel den Thron. Doch bald riss dessen Onkel Zhu Di (Regierungzeit 1402-1424), der vierte Sohn Zhu Yuanzhangs, die Herrschaft an sich.

Zhu Di, genannt Kaiser Yongle, hatte große Zukunftsvisionen. In seiner Regierungszeit stellte er sich drei großen Aufgaben: Als erstes verlegte er die Hauptstadt von Nanjing nach Peking. Als im neunzehnten Jahr seiner Regierungszeit (1421) der Kaiserpalast in Peking fertig gestellt wurde, befahl er den offiziellen Umzug dorthin. Die damalige Stadtanlage bestimmt zum Teil heute noch

Perspektivische Ansicht der alten chinesischen Sternwarte in Peking aus dem 18. Jahrhundert.

den Aufbau des Stadtzentrums von Peking. Zweitens schickte er den Eunuchen Zheng He (1371-ca. 1433) auf Expeditionen in Meere und Länder westlich des Südchinesischen Meers. Zheng He leitete insgesamt sieben große Expeditionen während der Herrschaft von Yongle und seines Nachfolgers Xuande (Regierungszeit 1425-1435). Es entstand die stärkste und modernste Flotte der Welt, sie verbreitete die chinesische Kultur und trieb Handel mit anderen Ländern. Drittens ließ er die »Yongle-Enzyklopädie« (*Yongle dadian*) zusammenstellen. Diese weltweit größte und früheste Enzyklopädie umfasste insgesamt 22877 Bände. Davon sind heute nur noch 800 Bände erhalten. Die anderen fielen den Wirren späterer Jahre zum Opfer; der größte Teil wurde 1900 von den westlichen Alliierten Truppen im Zusammenhang mit dem »Boxeraufstand« verbrannt oder ins Ausland gebracht.

In der mittleren Ming-Zeit erlebte die Warenwirtschaft einen großen Aufschwung. Das Leben in den Städten pulsierte. Ming- und qingzeitliche Erzählungen und die »Textbücher« der Geschichtenerzähler geben Zeugnis vom Unternehmergeist und vom unbefangenen Denken der damaligen Zeit. Die Naturalabgabe, die tausend Jahre lang üblich gewesen war, wurde in den wirtschaftlich entwickelten Regionen durch Bodenrente in Form von Geld ersetzt. Silber wurde weithin anerkanntes Zahlungsmittel. Papiergeld, das es bereits in der Song-Dynastie gegeben hatte, fand nun breitere Verwendung. Seide, Porzellan, Tee, Jute und Baumwolle wurden gegen Silber an das Ausland verkauft. Peking und Nanjing hatten je über eine Million Einwohner; auf dem Kaiserkanal fuhren tausende von Kähnen. Die am Yangtze gelegenen Orte Wuchang und Hanyang wurden Handelszentren.

Gleichzeitig flackerten innere Unruhen auf und Bedrohungen von außen verschärften sich. Piraten versetzten die Küstenstreifen in Angst und Schrecken und machten den Küstenbewohnern das Leben schwer. Im Landesinneren wanderten Heimatlose umher;

im Kaiserpalast bemächtigten sich einflussreiche Cliquen der Politik. Das Volk der Dschurdschen im nordöstlichen Liaoning gewann erneut an Stärke und wurde zunehmend zu einer Bedrohung für die Ming. Hinzu kamen Volkserhebungen und zunehmende anarchische Verhältnisse in verschiedenen Regionen. Die von Li Zicheng (1606-1645) angeführte Rebellion endete im Jahr 1644 mit der Proklamation einer neuen Dynastie; es bedeutete das Ende der Ming-Zeit. Die Aufständischen gewannen einen Kampf nach dem anderen und fielen schließlich in Peking ein. Kaiser Chongzhen (Regierungszeit 1627-1644) erhängte sich am Kohlenhügel nördlich des Kaiserpalastes – die Ming-Dynastie, die 277 Jahre über China geherrscht hatte, war gefallen. Doch Li Zichen vermochte keinen eigenen Staat zu errichten, nur einen Monat später folgte auf die Ming- endgültig die mandschurische Qing-Dynastie (1644-1911).

Die Mandschuren gingen aus verschiedenen Volksgruppen der Jin unter der Führung der Dschurdschen hervor; im Jahr 1635 nahmen sie den Namen »Mandschu« (*Manzhou*) an. Während sie von Nordostchina – der Mandschurei – immer weiter vordrangen, machten sie sich den chinesischen Staatsaufbau zu eigen und ließen sich durch chinesische Berater leiten. Die Anfangszeit der Qing-Dynastie wurde zu einer Zeit erbitterter Kämpfe und kriegerischer Auseinandersetzungen im ganzen Land. Die Qing versuchten zunächst, die Bewohner weiter Landstriche zu vertreiben und das Land mit ihren Truppen zu besetzen, doch mussten sie feststellen, dass diese Politik zum Scheitern verurteilt war. Wohin ihre Soldaten auch kamen, die Han-Chinesen und andere ethnische Gruppen leisteten entschiedenen Widerstand. So stritt man über die von den Mandschus verordnete Haartracht für Männer (die Mandschuren trugen am Hinterkopf einen langen Zopf) – scheinbar eine Äußerlichkeit. Tatsächlich aber ging es darum, ob die Han-Chinesen ihre Bräuche beibehalten durften oder sich der mandschurischen Kultur anzupassen hatten. Bis zur kompletten

Festigung der Qing-Herrschaft sollten fast vier Jahrzehnte vergehen: Die Hauptschwierigkeiten waren Invasionen im Norden, Widerstand und Kriege mit den südlichen Ming sowie Probleme mit dem Wiederaufkommen des Piratentums. Den wirtschaftlich entwickelten Regionen fiel es sichtlich schwer, Rückschritte in der Wirtschaft und im alltäglichen Leben unter der Herrschaft der als rückständig angesehenen Mandschus zu akzeptieren. Schließlich kam es zu einer Abspaltung der südlichen Provinzen.

Der entscheidende Grund für die Festigung der Mandschu-Herrschaft lag letztendlich in

Der Missionar und Astronom Johann Adam Schall von Bell in der Tracht eines chinesischen Mandarin, dem Rang der hohen Beamten des Kaiserhofes.

der Fähigkeit der Oberschicht, die Strukturen der Ming zu übernehmen und sich selbst zu »sinisieren«. Die ersten Kaiser der Qing-Dynastie fühlten sich nicht an die Traditionen der Mandschus gebunden. Offen für fremde Einflüsse rezipierten sie die Kultur anderer ethnischer Gruppen Chinas. Kulturelle Anpassung wurde politisches Programm: Dies schloss zum Beispiel deren Wissen in Physik, Astronomie, Mathematik und Chemie mit ein. Sie machten sogar christliche Missionare wie Adam Schall von Bell (1592-1666) zu Beamten des Hofes. Dieser war im Jahr 1622 als Pater der jesuitischen Mission nach China gekommen und zur Zeit des Machtwechsels Leiter des astronomischen Amtes in Peking. 1650 erhielt er die Genehmigung für den Bau der ersten katholischen Kirche in der Hauptstadt.

Nach der Festigung der Herrschaft wurden die Regierungsperioden der großen Qing-Kaiser Kangxi (Regierungszeit 1662-1722), Yongzheng (Regierungszeit 1723-1735) und Qianlong (Regierungszeit 1736-1795) eine Zeit des Friedens und Wohlstandes. Zu Beginn der Qing-Zeit hatte China eine Bevölkerung von nur 100 Millionen; zum Ende der Qing-Dynastie war sie bereits auf 400 Millionen angewachsen – eine Entwicklung, an der sich auch die Leistungsfähigkeit der Wirtschaft ablesen lässt.

Zur gleichen Zeit begann in der westlichen Welt die Industrialisierung. Die kapitalistische Produktionsweise führte zur Massenproduktion; Fabrikanlagen mit modernen Maschinen entstanden. Die westliche Welt, die wirtschaftlich weit zurückgelegen hatte, holte nun in Windeseile auf – und überholte China ganz. In der Ming- und Qing-Zeit – insbesondere in der frühen Qing-Zeit – gab es jedoch noch wirtschaftspolitische und soziale Neuerungen. Innere Unruhen wurden befriedet, Bedrohungen von außen eingedämmt, und die Grenzen blieben im Wesentlichen unverändert. Die innere Stabilität gewährleistete wirtschaftliche Entwicklung. So war China trotz seiner Rückständigkeit in Wissenschaft, Technik und Produktionsmethoden im Vergleich mit anderen Ländern eine durchaus starke Nation.

Beginn der neueren chinesischen Geschichte

Als der Opiumkrieg im Jahr 1840 ausbrach, bedeutete dies einen Einschnitt für die chinesische Geschichte: China wurde allmählich zu einer halb-kolonialen, halb-feudalistischen Gesellschaft. Durch den illegalen Opiumhandel hatten sich die sozialen Probleme bereits seit Beginn des 19. Jahrhunderts vermehrt. Hinzu kam eine wirtschaftliche Schwächung; die Silberreserven des Staates verringerten sich dramatisch. Insbesondere die Briten exportierten mehr Waren aus China als sie importierten. Am 20. September 1838 empfahl der hohe Gelehrten-Beamte Lin Zexu (1785-1850) Kaiser Daoguang (Regierungszeit 1820-1850), die Opiumsucht in der Bevölkerung zu bekämpfen. Die Empfehlung fand das Gehör des Kaisers und Lin Zexu wurde als Sonderbevollmächtigter des Hofes mit der Beseitigung dieses Missstands betraut. In Humen – zwischen Kanton und Hongkong – ließ er 1839 große Mengen konfiszierten Opiums verbrennen. Unbeeindruckt von den britischen Kanonenbooten führte er Soldaten und Zivilisten aus Kanton in den Kampf gegen die bewaffneten Opiumhändler. Kurze Zeit gelang es, die Briten nach Hongkong zurückzudrängen, allerdings ging sowohl der illegale Handel als auch das weitere militärische Vordringen seitens der britischen Flotte weiter.

Nachdem die Briten in den folgenden zwei Jahren immer weiter von Südchina aus vordringen und schließlich sogar Shanghai und Nanjing erobern konnten, endete der Krieg. Lin Zexu wurde von der Qing-Regierung verbannt. Ergebnis der sich anschließenden Verhandlungen zwischen Chinesen und Briten war der »Vertrag von Nanjing« (1842), der erste der »Ungleichen Verträge«, die den Ausländern umfassende Rechte zubilligten und so die Souveränität beschnitten. Neben Kriegsentschädigungen von 21 Millionen Silberdollar, der Öffnung von fünf Vertragshäfen, Zöllen auf Ex- und Importe beinhaltete der »Vertrag von Nanjing« die Abtretung Hongkongs an die brititsche Krone. In Ergänzungsverträgen in der Folgezeit wurden Meistbegünsti-gungsklauseln für Großbritannien, die USA oder Frankreich festgesetzt.

Nach dem Opiumkrieg mehrten sich die inneren Spannungen, es gab mehr als 100 Aufstände. Am 11. Januar 1851 begann der von Hong Xiuquan (1814-1864) angeführte Taiping-Aufstand. Hong war der Anführer einer eigenen christlichen Bewegung, die mit dem Ziel der Errichtung eines chinesischen Reiches auf der

Basis sozialer Gerechtigkeit den Kampf gegen die Qing-Beamten, den Kaiser sowie Grundherren und Landadelige verfolgte. Nach und nach wurde daraus eine umfassende revolutionäre Bewegung: 1851 errichtete er in Guangxi das »Himmlische Reichs des Großen Friedes« (*Taiping tianguo*); 1953 nahm Hong die Stadt Nanjing ein und benannte sie als Hauptstadt seines »Himmlischen Reiches« um in »Tianjing«. Die Taiping befürworteten die Gleichberechtigung der Geschlechter, erließen ein System, das Eigentum und Boden regelte, und setzten ein Rekrutierungssystem ein, um ausländischen Eindringlingen gegenüber Widerstand leisten zu können. Dem gemeinen Volk waren die Taiping enthoben, und in ihrer Führung herrschten Intrigen und Misstrauen. Dies schwächte den Taiping-Staat, was sich seine inneren und äußeren Feinde gemeinsam zunutze machten. Im Jahre 1864 wurde Tianjing belagert; Hong Xiuquan starb kurz vor dem Fall der Hauptstadt und die Übermacht der Regierungs-Truppen war zu groß. Am 19. Juli 1864 wurde das Ende der Taiping-Bewegung endgültig besiegelt.

Der Staat in der ausgehenden Qing-Zeit wurde immer mehr geschwächt. Angesichts des Eindringens der westlichen Mächte und ihren wiederholten Forderungen nach Gebietskonzessionen schienen die Großmächte China gleichsam untereinander aufzuteilen. Einige Intellektuelle versuchten, das Land von dem Untergang zu retten: Reformen hatten schon Russland und Japan mächtig gemacht – China sollte diesem Weg folgen. So planten die Neuerer unter der Führung von Kang Youwei (1858-1927) Reformen in Wirtschaft und Recht. Kang Youwei wurde in Nanhai (Provinz Guangdong) geboren. Der um fünfzehn Jahre jüngere Liang Qichao (1873-1929) stammte aus dem Kreis Xinhui, ebenfalls Provinz Guangdong. Beide führten die Reformbewegung an. Im Juni 1894 begaben sie sich nach Peking, um an den kaiserlichen Examina auf Staatsebene, den Jinshi-Prüfungen, teilzunehmen. Zu dieser Zeit begann der Chinesisch-Japanische Krieg. Es ging um den Kampf um die Vorherrschaft in den nord-

Kaiserin-Witwe Cixi (1835-1908), umgeben von ihren Hofdamen (um 1900).

östlichen Regionen und Korea. Japan – im Besitz von modernen Waffen – fügte China ein bittere Niederlage zu. Am 15. April 1895 musste China als Kriegsverlierer den »Vertrag von Shimonoseki« unterzeichnen – eine große Demütigung. Der Vertrag beinhaltete weitere Landabtretungen – darunter die Abtretung Taiwans an Japan –, die Anerkennung der Unabhängigkeit Koreas sowie Kriegsentschädigungen von 200 Millionen Silberdollar. Bei den über tausend Kandidaten der kaiserlichen Examina, die sich gerade in Peking aufhielten, war die Empörung groß. Kang Youwei verfasste erste Eingaben an den kaiserlichen Hof, die jedoch unbeantwortet blieben. Zusammen mit Liang Qichao gründete er eine »Gesellschaft zum Studium der Stärkung des Landes«, der sich diverse Gleichgesinnte anschlossen.

Im Jahr 1897 besetzte die deutsche Marine die Bucht von Jiaozhou in Shandong; das zaristische Russland bemächtigte sich Lüshuns und Dalians in Liaoning – die Aufteilung Chinas unter dem Ausland ging weiter.

In der Folgezeit verfassten Kang Youwei und Liang Qichao weitere Eingaben an den kaiserlichen Hof und legten Grundzüge für notwendige Reformen dar. Diese fanden schließlich das Gehör von Kaiser Guangxu (Regierungszeit 1875-1908). Am 11. Juni 1898 gab der Kaiser eine Reihe von Reformdekreten heraus: Das überkommene Bildungssystem sollte abgeschafft, überflüssige Beamte sollten in den Ruhestand versetzt werden. Neue Institutionen und Verfahren wie moderne Schulen, Zeitungen und andere Methoden der öffentlichen Meinungsäußerung wurden gefördert; die Reformer wurden bei der Verbreitung und Durchführung der neuen Politik miteinbezogen. Die Reform endete am 21. September abrupt mit einem Staatsstreich. Sie hatte insgesamt 103 Tage gedauert und ist deshalb als »Hundert-Tage-Reform« bekannt. Die konservativen Kräfte am Regierungshof, angeführt von der Kaiserin-Witwe Cixi (1835-1908), gewannen die Oberhand. Kaiser Guangxu wurden in den Kaiserlichen Gärten im Westen der Verbotenen Stadt unter Hausarrest gestellt. Sechs Reformer wurden am 28. September in Peking hingerichtet. Kang Youwei und Liang Qichao flohen nach Japan und setzten sich dort weiter für ein reformiertes China ein.

Das Ende des chinesischen Kaiserreiches

Das neue Jahrhundert brachte für China große Veränderungen mit sich. Die konservativen Kräfte waren nach wie vor mit der Zerrüttung des Landes konfrontiert; der wirtschaftlichen, politischen und militärischen Beherrschung durch die ausländischen Mächte standen sie ohnmächtig gegenüber. Die

Ereignisse im letzten Jahrzehnt der Qing-Herrschaft belegen dies deutlich.

Im Jahr 1900 kam es zum so genannten »Boxeraufstand«. Als »Boxer« bezeichnet wurden die Anhänger einer Rebellionsbewegung, die sich zunächst gegen Banditen, schnell jedoch vor allem gegen Ausländer und Missionare wandte. Sie entstammte einer Volksbewegung in der Provinz Shandong, die das chinesische kultische Boxen als physisches und moralisches Training praktizierte. Daher kam ihr Name »Fäuste der Gerechtigkeit und Harmonie« (*Yihequan*); später benannten sie sich in »Miliz der Gerechtigkeit und Harmonie« (*Yihetuan*) um. Erst allmählich politisierten sie sich für die Ziele der Qing-Regierung. Im Jahr 1900 eskalierten die Ereignisse, als sich die Boxer immer weiter – auch in Peking – gegen die Ausländer wendeten. Die ausländischen Gesandten forderten die Niederwerfung der Boxer und stellten Wachen zu ihrem Schutz auf. Die Westmächte orderten Truppen auf dem Seeweg zur Unterstützung hinzu, stellten im Juni ein Ultimatum und griffen schließlich Dagu in der Nähe von Tianjin an. Am 19. Juni wurde der japanische Geschäftsträger ermordet; alle Gesandten sollten Peking innerhalb von 24 Stunden verlassen. Am Tag darauf wurde der deutsche Baron von Ketteler erschossen; es folgte die Kriegserklärung an die Westmächte sowie die Belagerung des Gesandtschaftsviertels. Durch Marineeinheiten der acht Mächte – Japan, England, Russland, Frankreich, Deutschland, Österreich, Italien und die USA – wurden im Juli bzw. im August 1900 die Gesandtschaftsviertel in Tianjin und Peking befreit. Die Kaiserin-Witwe Cixi und ihr Hofstaat flüchteten nach Xi'an und wälzten die Schuldzuweisung auf die Boxer ab. Erst 1902 kehrte sie nach Peking zurück.

China kam nicht mehr zur Ruhe: 1904/05 folgte erneut ein Chinesisch-Japanischer Krieg. Die Regierung versuchte erfolglos, selbst noch in begrenzter Weise, Reformen durchzuführen. Den Erhalt der Macht vermochten diese aber nicht mehr zu sichern. Im Jahr 1908 starb die Kaiserin-Witwe Cixi – am Tag zuvor war der entmachtete Kaiser Guangxu unter ungeklärten Umständen verstorben. Als letzter chinesischer Kaiser bestieg Puyi mit drei Jahren den Drachenthron; sein Vater Prinz Chun fungierte als Regent.

Am 10. Oktober 1911 führte der Aufstand von Wuchang (Provinz Hubei) das Ende der Qing-Dynastie herbei. Dr. Sun Yatsen (1866-1925) wurde im Dezember zum Präsidenten der Republik China gewählt und trat das Amt am 1. Januar 1912 an. Die Revolution von 1911 beendete das feudalistische und aristokratische System, das China seit dem ersten Kaiser der Qin-Dynastie über 2000 Jahre beherrscht hatte. Sie setzte einen Schlussstrich unter das Kaisertum.

Dr. Sun Yatsen
(1866-1925).

KAPITEL 4

CHINESISCHE SCHRIFTZEICHEN – EINE ALTE UND MODERNE SCHRIFT ZUGLEICH

Durch Sprache und vor allem durch den Gebrauch der Schrift wird es dem Menschen ermöglicht, Dinge zu benennen und zu erklären, Ideen und Gefühle festzuhalten und der Geschichte zu hinterlassen. Sprache und Schrift sind wesentliche Faktoren für die kulturgeschichtliche Verortung eines Landes. Die chinesischen Schriftzeichen sind zugleich Symbole und Annalen der chinesischen Zivilisation.

Als im Jahr 1899 Wang Yirong (1845-1919) – ein Gelehrter der Kaiserlichen Akademie – unterschiedliche Arten von chinesischer Medizin untersuchte, fielen ihm die so genannten »Drachenknochen« auf. Zur Anwendung für medizinische Zwecke wurden diese versteinerten Knochen zerrieben und in Apotheken verkauft. Wang Yirong bemerkte auf den Knochen gewundene Linien, die an Symbole erinnerten. Er wusste noch nicht, dass er einen Schlüssel zum Geheimnis der chinesischen Kultur in den Händen hielt. Nach weiteren Studien wurden sie durch seinen Freund Liu E (1857-1909) als Dokumente der Shang-Dynastie identifiziert: Es handelte sich bei den Symbolen um chinesische Zeichen, die von Ereignissen von vor mehr als 3000 Jahren berichteten.

Solche Inschriften wurden unter der Herrschaft der Könige der Shang-Dynastie (16.-11. Jh. v. Chr.) in Schildkrötenpanzer und Tierknochen eingeritzt. Rund 150000 Stück hat man ausgegraben. Es handelt sich hauptsächlich um Orakel, jedoch geben die Inschriften auch Auskunft über gesellschaftliche Phänomene wie Opferwesen, Schlachten und Kriege, Jagd, Ackerbau, Tierhaltung und Geographie. Damit sind die Orakelknocheninschriften das wichtigste Quellenmaterial zur Shang-Zeit. Sie legen nicht nur Zeugnis ab von den Ereignissen jener legendären Dynastie von vor 3000 Jahren – und damit gleichsam von ihrer Existenz –, sondern zeigen auch, dass die chinesische Zivilisation schon lange vor der Shang-Zeit ihre Anfänge genommen hatte.

Es sind nicht nur die eingeritzten Kommentare, die das Besondere ausmachen, sondern der Ursprung und die Form der ersten chinesischen Schriftzeichen können anhand der Knochen nachvollzogen werden. Das liegt an der Zeremonie der Orakel: Die an das Orakel gestellten Fragen wurden auf den Knochen und insbesondere auf den Schildkrötenpanzern vermerkt. Dann wurde der Panzer über dem Feuer erhitzt, bis Risse entstanden. Die Form der Risse dieser Feuerproben wurde gedeutet und schriftlich wiedergegeben. Die so entstandenen ersten Sammlungen von Zeichen gelten heute als Ursprung der chinesischen Schrift.

Geschichte der chinesischen Schrift

Bei den vor fast 4000 Jahren in die Orakelknochen eingeritzten Zeichen handelt es sich bereits um ein ausgeklügeltes Schriftsystem. Von den ungefähr 5000 Schriftzeichen, die man auf den Knochen gefunden hat, wurden rund 2000 entziffert. Diese konnten unterschiedlichen Kategorien zugeordnet werden: Man fand symbolische Zusammensetzungen, piktografische Schriftzeichen und Schriftzeichen, die entlehnt werden, um ein gleich klingendes Wort darzustellen, das jedoch eine andere Bedeutung hat. Es gab auch bereits Wortarten wie Substantiv, Pronomen, Verb, Adjektiv und Numerale. Satzbau und Wortfolge in einzelnen Sätzen zeigen große Übereinstimmungen mit dem heutigen Chinesisch, sie scheinen im Laufe der Jahrtausende nicht wesentlich verändert.

Der Orakelknochen aus der Zeit der Shang-Dynastie zeigt deutlich
die Spuren eingeritzter Inschriften.

In den Orakelknocheninschriften finden sich Aussagen wie
»Hin- und Rückreise dürften gefahrlos sein«, »heute gibt es keinen
Regen« und »heute weht ein starker Wind«. Diese Sätze könnten
auch heute noch so niedergeschrieben werden. Sie deuten darauf
hin, dass die chinesische Schrift deutlich älter ist als die Orakelknocheninschriften. Der Fund von einem Schildkrötenpanzer
mit eingravierten Symbolen im Dorf Jiahu im Kreis Wuyang
(Provinz Henan) im Jahr 1983 wurde auf mehr als 7000 Jahre
datiert. Der Fund legt die Vermutung nahe, dass chinesische

Schriftzeichen und ein erstes Schriftsystem sich bereits vor 6000 Jahren hätten ausbilden können.

In der chinesischen Schrift gibt es sechs Kategorien chinesischer Zeichen, die sich nach der Art ihrer Entstehung unterscheiden: Piktografische Schriftzeichen; Symbole; symbolische Zusammensetzungen, die entlehnt werden, um ein gleich oder fast gleich lautendes Wort darzustellen (das jedoch eine andere Bedeutung aufweist); Zeichen, die für neue Wörter verwendet werden (und damit eine zusätzliche Bedeutung erhalten) und denen eine geänderte oder abgewandelte Schreibweise der ursprünglichen Bedeutung zugeordnet wurde; Laut- und Sinnkombinationen. Das Verständnis dieser Kategorien ist Vorraussetzung für das Verständnis der Charakteristika der chinesischen Schrift und ihrer Entwicklung.

Ein piktografisches Schriftzeichen (*xiangxing*) ist die Abbildung eines Gegenstandes, der durch diese benannt wird. Zum Beispiel schrieb man Sonne 日 (*ri*) als ☉ oder ⊝, Mond 月 (*yue*) als ⟩ oder ♭. Die Zahlen wie eins 一 (*yi*), zwei 二 (*er*), drei 三 (*san*), vier 四 (*si*) wurden wie folgt geschrieben: —, =, ≡, ≣. Durch das Hinzufügen von Symbolen wie • und ━ zu diesen piktografischen Zeichen schuf man wiederum neue Zeichen.

Die Kategorie der Symbole (*zhishi*) meint die grafischen Darstellungen abstrakter Gedanken. Beispielsweise 上 (*shang* – über) und 下 (*xia* – unter) gelten als die früheste Form chinesischer Schriftzeichen. Das maßgeblichste der alten chinesischen Wörterbücher, die »Aufklärung über die Schriftzeichen« (*Shuowen jiezi*), listet in der Kategorie »Symbole« nur 129 Zeichen auf. Sie ist damit die kleinste von allen sechs Kategorien. In dem Werk, das etwa 100 v. Chr. entstand, sind 9353 Zeichen, die auf 540 Klassifikatoren verteilt sind, dargestellt.

Die symbolischen Zusammensetzungen (*huiyi*) verbinden zwei bereits existierende Schriftzeichen miteinander, deren Begriffe in Beziehung zueinander stehen. Das Wort 信 (*xin* – Glaube,

Vertrauen) ist eine Kombination von 人 (*ren* – Mensch) und 言 (*yan* – Wort) und bedeutet wörtlich »sein Wort halten«.

In die nächste Kategorie fallen jene Schriftzeichen, die entlehnt werden, um ein gleich (oder fast gleich) lautendes Wort darzustellen, das jedoch eine andere Bedeutung hat (*jiajie*). Das Chinesische ist eine Silbensprache, die über 415 Silben verfügt. Früher gab es für viele Wörter der gesprochenen Sprache kein entsprechend vorhandenes Zeichen. Um ein solches Wort darzustellen, entlieh man Zeichen mit gleicher oder ähnlicher Aussprache. Das Wort 求 (*qiu*) ist ein gutes Beispiel. In der Kleinen Siegelschrift wird es 求 geschrieben und ist ein piktografisches Zeichen mit der ursprünglichen Bedeutung »Pelzbekleidung« oder »Fell«. Da es wie das Wort »anflehen« ausgesprochen wird, wurde es entliehen und bekam eine neue Bedeutung wie »bitten um«, »fordern« oder »streben nach«, die noch heute gültig ist. Die ursprüngliche Bedeutung aber geriet mit der Zeit in Vergessenheit. Daher musste ein neues Zeichen 裘 mit der Bedeutung »Pelzmantel« oder »Fell« geschaffen werden.

Schriftzeichen, die für neue Wörter verwendet werden, können eine zusätzliche Bedeutung erhalten sowie eine geänderte oder auch abgewandelte Schreibweise der ursprünglichen Bedeutung zugeordnet bekommen (*zhuanhu*). Sie entstehen beispielsweise, wenn einem bereits existierenden Schriftzeichen ein weiteres Bedeutung anzeigendes Element, ein so genanntes »Radikal« hinzu gefügt wird. Zum Beispiel wurde das Schriftzeichen für Schlange in der Kleinen Siegelschrift 它 geschrieben; später entwickelte sich daraus die vereinfachte Form 它. Damit war die piktografische Funktion verloren gegangen und mit ihr ebenfalls die Bedeutung anzeigende Funktion. Daraufhin fügte man der vereinfachten Form das Radikal 虫 (Tier) hinzu, um diese ursprüngliche Bedeutung wieder in dem Zeichen sichtbar zu machen.

Bei der Kategorie der Laut- und Sinnkombinationen (*xingsheng*) setzen sich die Schriftzeichen aus zwei Teilen zusammen: Ein Teil bestimmt die Bedeutung des Zeichens, der andere den Laut. Dies zeigen beispielsweise die Zeichen 江 (*jiang*) und 河 (*he*). Beide haben die Bedeutung »Fluss«. Sie verfügen über das gleiche Radikal (hier 氵) – also das Bedeutung tragende Element – das in diesem Fall für »Wasser« steht. Der andere Teil (hier 工 bzw. 可) verweist auf den Laut. Solche Laut- und Sinnkombinationen sind in der chinesischen Sprache reichlich zu finden. Im Laufe ihrer Entwicklung haben die chinesischen Schriftzeichen Komplizierungen und Vereinfachungen durchgemacht. Es gab Veränderungen in Form, Aufbau, Zahl der Wörter, ihrer Lautung und Bedeutung; viele neue Wörter entstanden.

Von der ersten Gestalt bis hin zu den heute gebräuchlichen Formen haben die chinesischen Schriftzeichen große Veränderungen vollzogen. Zu den Hauptstilarten gehören als archaische Ausprägungen die bereits erwähnten Orakelknocheninschriften (*jiaguwen*), gefolgt von der so genannten Metallschrift (*jinwen*). Dies sind Gravuren auf den Bronzegefäßen der Westlichen und Östlichen Zhou-Dynastie (11.Jh.-771 v. Chr.; 770-256 v. Chr). Ebenfalls Schriftarten, die zur »Zeit der Streitenden Reiche« üblich waren, sowie die qinzeitliche Siegelschrift (221-206 v. Chr.) gehören zu den ersten Schriftstilen. In der »Frühlings- und Herbstperiode« (770-476 v. Chr.) und in der »Zeit der Streitenden Reiche« (475-221 v. Chr.) verwendete man die Große Siegelschrift (*dazhuan*) und die Kleine Siegelschrift (*xiaozhuan*). Nach der Einigung des chinesischen Reichs durch den Staat Qin legte der Kanzler Li Si die Kleine Siegelschrift als Standardschriftart fest. Damit war eine »Einigung der Schrift« vollzogen. Später trat die Normalschrift (*kaishu*) in Erscheinung und wurde zu dem allgemein üblichen Schriftstil.

Zu den bis heute gebräuchlichen modernen Stilarten gehören die Kanzleischrift, die Normalschrift sowie als Ergänzungen die Kursivschrift (*xingshu*) und die Grasschrift (*caoshu*). Die beiden letzteren dienten der Erleichterung des Schreibens und der Kunst der Kalligraphie.

Besonderheiten und historische Rolle der chinesischen Schrift

Die ältesten Schriften der Menschheit sind Piktogramm-Schriften. Dazu gehören drei Schriften, die etwa vor 3000 bis 4000 Jahren entstanden: die Keilschrift der Sumerer in der Ebene Mesopotamiens, die Hieroglyphen im alten Ägypten und die chinesischen Schriftzeichen. Von diesen drei Schriften wird allein die chinesische noch heute verwendet. Die anderen beiden gingen mit der Zeit verloren, und nur noch wenige Wissenschaftler vermögen sie zu entziffern. Wie aber konnten die chinesischen Schriftzeichen trotz der Veränderungen in der chinesischen Kultur und der Einflüsse durch ausländische Kulturen über eine so lange Zeit ihre ursprüngliche Gestalt bewahren?

Eine Besonderheit ist, dass es dem Chinesischen gelungen ist, den Wandel der Zeit und insbesondere den Einfluss von Dialekten überdauert zu haben. Auf der Weltbühne der Sprachen und Schriften spielen die alphabetischen Sprachen derzeit die Hauptrolle. Die europäischen Sprachen sind gute Beispiele. Nach dem Untergang des Römischen Reiches begannen die Europäer, ihre Dialekte allmählich in lateinischer Schrift niederzulegen und es entwickelten sich diese auf dem Lateinischen basierenden Dialekte zu eigenständigen Sprachen. Beispiele hierfür sind die romanischen Sprachen wie Italienisch, Französisch, Spanisch, Portugiesisch und Rumänisch. Latein blieb nur begrenzte Sprache des Klerus und des Adels. Heutzutage ist es für Mitteleuropäer ohne Kenntnis des klassischen Latein nicht möglich, Cicero zu lesen, obwohl dieser doch die Sprache ihrer Vorfahren gesprochen hat. Schriften, die vor 500 Jahren in der englischen Sprache verfasst wurden, verstehen heute nur ausgebildete Anglisten. Ein chinesischer Schüler der Sekundarstufe vermag jedoch vor fünfhundert Jahren entstandene chinesische Romane, wie die »Geschichte der drei Reiche« (*Sanguo yanyi*), »Die Räuber vom

Liangshan-Moor« (*Shuihu zhuan*) oder »Die Reise nach dem Westen« (*Xiyou ji*) zu verstehen. Mit Hilfe von Nachschlagewerken kann ein guter chinesischer Oberschüler den »Aufzeichnungen der Historiker« (*Shiji*), die vor über 2000 Jahren entstanden, im Wesentlichen folgen.

Im Chinesischen ist die Verbindung zwischen Aussprache und Form der Schrift weniger fest gefügt als bei alphabetischen Schriften. So wandelte sich zwar die Lautung der Silben der chinesischen Schriftzeichen, ihre Gestalt und Bedeutung blieben jedoch vergleichsweise unverändert. Prinzipiell könnte sich heute ein Chinese mit Hilfe der Schrift mit den alten chinesischen Weisen austauschen.

Der chinesische Maler Liu Haisu (1896-1994)
bei der Vollendung der Kalligraphie »Blühender Pflaumenbaum«.

Weil die Schriftzeichen den Wandel der Zeit überdauerten und überkommene sowie neue Bedeutungen in sich aufnahmen, wurden sie zum Träger für Erhaltung und Verbreitung der chinesischen Kultur. Trotz der immensen Ausdehnung des Landes – und obwohl die ethnischen und regionalen Gruppen unterschiedliche Dialekte sprechen – gewährleistet die chinesische Schriftsprache, die überall Anwendung findet, den Austausch. Ein gutes Beispiel hierfür ist die Untertitelung von Filmen und Fernsehbeiträgen mit chinesischen Zeichen. Die chinesische Hochsprache ist das so genannte »Putonghua«, auch als »Mandarin« bekannt. In China gibt es zudem sieben große Dialekte, die teilweise von mehreren 100 Millionen Menschen gesprochen werden. Zu den bekanntesten gehören das in Südchina und Hongkong gesprochene Kantonesisch oder der im Raum Shanghai gesprochene Dialekt. Die Aussprache ist im Vergleich zum Hochchinesisch so unterschiedlich, als handele es sich um komplett verschiedene Sprachen wie Deutsch und Englisch. Die Bedeutung der gemeinsamen Schrift ist daher immens; sie spielt für die Erhaltung eines Zentralstaates mit vielen Ethnien eine grundlegende Rolle. Ein schriftkundiger Kantonese aus dem Süden des Landes kann sich in Harbin im hohen Norden Chinas ohne Schwierigkeiten zurecht finden, und jemand aus Peking, dem das Kantonesische nicht geläufig ist, vermag, wenn er die chinesische Schrift beherrscht, sich in Kanton oder Hongkong zu verständigen. Die Schrift wird gleichsam zur Klammer der chinesischen Kultur.

Linguistisch betrachtet, bietet das Chinesische als Silbensprache zudem den Vorteil, dass die chinesischen Schriftzeichen reich an Informationen und Bedeutungen sind. Die Wörter setzen sich aus morphemischen (Bedeutung tragenden) Silben zusammen, die Lautung und Bedeutung miteinander kombinieren. Dieses Merkmal macht jedes chinesische Schriftzeichen gleichsam zu einer Informationseinheit. In jedem Zeichen vereinen sich die drei Bestandteile – Form, Lautung und Bedeutung – zu einer fest gefügten Form. Als Teil der Geschichte und Kultur Chinas folgte die Entwicklung der Schriftzeichen dem Wandel der Erkenntnisse über die Dinge. Alle Namen für hölzerne Pflanzen führen das Radikal 木 (Baum) auf der linken Seite, während alle Kräuter im oberen Teil das Radikal ⁺⁺ (Gras) aufweisen. Dies zeigt den Kenntnisstand über die Taxonomie der Pflanzen im alten China.

Zudem haben die chinesischen Zeichen ein besonders großes Potential für die Bildung von Ableitungen und neuen Wörtern. In der chinesischen Hochsprache, dem »Putonghua«, gibt es 415 Silben. Diese können in vier Tönhöhen ausgesprochen werden; dadurch erhöht sich die Zahl der Silben auf nur 1300. Im Vergleich verfügt die englische Sprache über etwa 10000 Silben. Dennoch ist das Chinesische reich an Morphemen. Diese kleinsten Bedeutung tragenden Einheiten sind einsilbig, so dass viele Morpheme die gleiche Lautung haben. Die Schaffung neuer Wörter war deshalb notwendig. Die Vielzahl der Radikale und anderer Bestandteile ermöglichte die Bildung einer ausreichenden Anzahl neuer Formen – so hat jedes Morphem eine einzigartige Strukur. Diese Eigenschaft hat zu einer großen Anzahl von Zeichen geführt und die Genauigkeit der geschriebenen Sprache gewährleistet. Insgesamt gibt es über 60000 chinesische Schriftzeichen, von denen jedoch im heutigen Alltagsleben maximal ein Fünftel Verwendung finden. Beim einfachen Zeitunglesen deckt man mit der Kenntnis von etwa 2500 Basiszeichen 95 Prozent des Textes ab.

Zahlreiche ursprünglich einsilbige Wörter wurden später zu zweisilbigen Wörtern; heute sind die meisten Wörter im Chinesischen zweisilbig. Viele zweisilbige Wörter bestehen aus zwei Schriftzeichen mit der gleichen Bedeutung, bei anderen qualifiziert ein Bestandteil den anderen, wieder andere verbinden einen Verbalausdruck und einen Nominalausdruck miteinander. Solche Neuschöpfungen erlauben die Reflexion neuer Dinge und Gedanken. Bei der Übertragung von fremdsprachigen Ausdrücken ins Chinesische wird sich oftmals zunächst einer phonetischen Entsprechung bedient, schnell setzen sich jedoch auch Neuschöpfungen im Alltagsgebrauch durch.

Es gibt nur acht verschiedene Striche, mit denen man chinesische Schriftzeichen schreibt, nämlich, ─, ∣, ノ, ヽ, 、, ／, ﹁, ∫. Doch können diese Striche auf die vielfältigste Weise Zeichen formen, und diese Zeichen können wiederum zehntausende zusammengesetzte Zeichen bilden. Erstaunlicherweise macht dieses Charakteristikum – trotz der Fülle – die Zeichen für den, der sie erlernt hat, leicht erkennbar. Untersuchungen zeigten, dass man bei einer Geschwindigkeit von 80 km/h chinesische Zeichen auf Hinweisschildern am Straßenrand klar erkennen kann, darunter stehende Ziffern hingegen nicht. Japanischen Forschern zufolge lassen sich chinesische Zeichen in weniger als einer tausendstel Sekunde erkennen. Dies mag damit zusammen hängen, dass bei der Lektüre der Schriftzeichen beide Gehirnhälften angesprochen werden, und die ansonsten beim Lesen inaktive rechte Hirnhälfte ebenfalls aktiv ist. Chinesische Schriftzeichen ähneln Bildern, ihre Einprägsamkeit ist größer als bei einfachen Symbolen, da viele Schriftzeichen die Vorstellungskraft des Betrachters anregen. Forschungsergebnisse der Neuropsychologie belegen, dass das menschliche Hirn phonetische Codes zur Entzifferung alphabetischer Sprachen nutzt, aber für das Verständnis chinesischer Schriftzeichen sowohl phonetische als auch grafische Codes erforderlich sind. Phonetische Codes werden vornehmlich in der linken Gehirnhälfte verarbeitet, erst nach dieser Verarbeitung sind alphabetische Sprachen verständlich. Grafische Codes hingegen bedürfen keiner Entschlüsselung durch einen solchen Prozess. Die Bedeutung des Zeichens wird unmittelbar durch das Erkennen seiner Form oder seiner grafischen Gestalt verständlich – dies leistet die rechte Gehirnhälfte. Da jedes chinesische Schriftzeichen Aussprache und Bedeutung anzeigt, müssen zu seinem Verständnis beide Hirnhälften zusammenarbeiten. Dieser Effekt lässt sich auch beim Schreiben der Zeichen beobachten.

Die chinesische Kunst des Schönschreibens, das Schreiben mit Tusche und Pinsel, die so genannte Kalligraphie, entwickelte sich zusammen mit der chinesischen Schrift. Chinesische Schriftzeichen können – sowohl handgeschrieben als auch gedruckt – horizontal oder vertikal geschrieben werden, von links nach rechts oder rechts nach links – eine Freiheit, die alphabetische Schriften in der Regel nicht erlauben. Früher kalligraphierte man auf Tierknochen, Bronzegefäßen, Bambustafeln oder Seide. Heutzutage schreibt man auf Papier. Mit den Utensilien der Kalligraphie – Pinsel, Reispapier, wasserlösliche Tinte – haben die chinesischen Schönschreiber verschiedene Techniken entwickelt. Unzählige bedeutende Kalligraphen schufen zahllose Meisterstücke. Abgesehen von den unbekannten Verfassern der Orakelknocheninschriften gab es seit der Han- und Wei-Zeit herausragende Künstler wie Wang Xizhi (303-361) in der Jin-Zeit; Yan Zhenqing (700-785), Liu Gongquan (778-865), Quyang Xun (557-641), Yu Shinan (558-638), Chu Suiliang (596-685), Zhang Xu (710-750) und Huai Su (725-785) in der Tang-Zeit. Berühmte Kalligraphen der Song-Zeit sind Su Shi (1036-1101), Huang Tingjian (1045-1105), Mi Fu (1051-1107) und Cai Xiang (1012-1067). Für die Yuan-Zeit hat Zhao Mengfu (1254-1322) einen großen Namen; für die Ming-Zeit Dong Qichang (1555-1636). Die Schriftkunst dieser alten Meister wird heute noch von vielen Kalligraphen als Vorbild genommen.

Vier künstlerische Merkmale bestimmen die Kalligraphie: Form, Kraft, Rhythmus und Geist. Die »Form« meint sowohl die Gestaltung des Gesamtwerks als auch die Gestalt jedes seiner einzelnen Schriftzeichen. Eine gute Kalligraphie sollte einen eigenständigen Charakter und eine eigene Ästhetik haben und die Persönlichkeit des Künstlers ausdrücken. Den Pinselstrichen muss »Kraft« innewohnen. Sind sie ohne Spannung, dünn und unausgewogen, gilt die Kalligraphie als minderwertig. Dieses wichtige Kriterium zur Bewertung einer Kalligraphie entspricht dem traditionellen chinesischen Denken, das nach

Aufrichtigkeit und Stärke verlangt. Als »Rhythmus« bezeichnet wird die harmonische Beziehung zwischen den einzelnen Zeichen, den Zeilen und dem Gesamtkunstwerk zueinander. Alle diese Bestandteile müssen sich zu einem Ganzen verbinden. Ein Zeichen muss für sich allein stehen können und doch auch Bestandteil des gesamten Werks sein. Der Abstand zwischen den Zeilen mag breit oder schmal sein, doch müssen sie stets in rhythmischer Beziehung zueinander stehen. Der »Geist« erwächst aus den oben genannten Merkmalen. Es ist der Gesamteindruck, den das Werk vermittelt – das, was den Betrachter berührt und in das Werk eintauchen lässt. Die Ästhetik einer Kalligraphie ergibt sich auch aus der Ausbildung, der Persönlichkeit und der Lebenseinstellung des Künstlers. Dieser drückt sich aus, ohne dass er sich dabei selbst Beachtung schenkt. Er darf nicht übertreiben oder allein auf den Effekt beim Betrachter abzielen. Allein aus seiner Verehrung für die Schriftzeichen schafft der Künstler

Bei der Herstellung von Stangentusche werden die getrockneten Tusche-Stäbchen oft mit Mustern und Ornamenten vergoldet. Für den späteren Gebrauch wird die Tusche mit Wasser wieder langsam aufgelöst.

die Kalligraphie. Dabei werden selbstverständlich auch hohe handwerkliche Fähigkeiten verlangt. Chinesische Kalligraphie hat viel mit der chinesischen Philosophie und Ethik gemein – die Hochachtung vor der Natur, des Schlichten und der Stärke. Sie ist Spiegel des Denkens und der geistigen Welt der Gelehrten. Dabei ist die Kalligraphie nicht nur eine Schönschreibekunst, sie ist ein Mittel zur Vervollkommnung der eigenen inneren Werte. Viele chinesische Kaiser und große Politiker haben sich als exzellente Kalligraphen erwiesen. Nach wie vor ist es üblich, anhand der Kalligraphie von z. B. in öffentlichen Ämtern tätigen Personen auf deren Charakter oder Führungsstil zu schließen.

Zweifellos sind mit der chinesischen Schrift auch Nachteile verbunden. Allein die Anzahl der Zeichen ist entmutigend – und das nicht nur für Nicht-Chinesen. Will man sich nur die 2500 am häufigsten verwendeten Zeichen aus der »Liste der gebräuchlichsten chinesischen Schriftzeichen« und weitere tausend ebenfalls oft verwendete Zeichen einprägen, erfordert dies bereits eine große Anstrengung. Die komplizierte Form lässt die Studierenden oft verzagen. Zudem ist die Aussprache schwierig. Nur bei einem Viertel der Laut- und Sinnkombinationen und derjenigen Zeichen, die für neue Wörter verwendet werden (und damit eine zusätzliche Bedeutung erhalten und denen eine geänderte oder abgewandelte Schreibweise der ursprünglichen Bedeutung zugeordnet wurde), deuten Form und Struktur auf die Aussprache hin. Dazu kommt die Vielzahl gleich lautender Silben. Überdies ist die Bedeutung der Zeichen oft kompliziert, haben sie während der langen Zeit ihrer Entwicklung doch weitere, neue Bedeutungen angenommen. Und auch wenn man einzelne Zeichen kennt, kann die Kombination daraus wieder völlig anders sein und muss eigens erlernt werden.

Zukunft der chinesischen Schrift

Die chinesischen Schriftzeichen haben den Wandel der Zeit mitgemacht. Immer wieder kam jedoch die Diskussion auf, ob das chinesische Schriftsystem noch zeitgemäß sei. Im 19. Jahrhundert beispielsweise – als mit der Konfrontation mit den Kolonialmächten die indo-europäischen Sprachen in China Einzug hielten – wurde in der Komplexität der Schrift ein Ansatzpunkt zur möglichen Erklärung für die Vernachlässigung in den Bereichen Bildung und Wissenschaft durch den damaligen Staat gesucht.

Nach Gründung der Volksrepublik diente die Schriftreform Mitte des 20. Jahrhunderts als Instrument der »Volksbildung« zur Erhöhung des Bildungsstandes für die breiten Massen: Zur Vereinfachung für das Erlernen und den Gebrauch der Schriftzeichen wurden im Jahr 1956 die Stichzahl der am häufigsten verwendeten Zeichen verringert. Auf diese Weise entstanden 1500 »Kurzzeichen«.

Durch die Herausforderungen im modernen Informationszeitalter wurde Ende des 20. Jahrhunderts argumentiert, dass das chinesische Schriftsystem überholt sei und über kurz oder lang durch eine alphabetische Sprache ersetzt werden müsse. Die Einführung von Computern schien dieses Argument zunächst zu stärken. In manchen Diskussionen schien es, als stehe der chinesischen Schrift der unmittelbare Untergang bevor. Die rasante Entwicklung im Computerbereich und in den Informationstechnologien haben die anfänglichen Probleme jedoch gelöst. Damit einher gingen große Durchbrüche in der Software-Entwicklung. Heute ist es technisch problemlos möglich, chinesische Schriftzeichen in IT-gestützten Anwendungen darzustellen, einzugeben und zu verarbeiten.

Sogar neue Anwendungen werden gefunden: Ein Vorteil scheint darin zu liegen, dass das Chinesische mit seinen 415 Silben für computergestützte Stimmerkennungsprogramme leichter zu verarbeiten ist als beispielsweise das Englische mit seinen 10000 Silben. Sprachwissenschaftler behaupten zudem, dass chinesische Schriftzeichen, da sie jeweils aus einer Silbe bestehen, mehr als andere Sprachen die Fähigkeit besitzen, ihre Bedeutung zu bewahren.

Welche Entwicklung die Wissenschaft auch immer nehmen wird, welche neuen Begriffe auch immer auftreten werden – das Chinesische wird sich diesen Veränderungen und Neuerungen stets anpassen und sie ausdrücken können. Damit bleibt es auch den Anforderungen des Informationszeitalters vollauf gewachsen.

Unterschiedliche Pinsel für die chinesische Tuschezeichnung.

KAPITEL 5

TRADITIONELLE WELTANSCHAUUNG, ETHIK UND MORAL

Traditionelle chinesische Weltanschauung

Das Herzstück der chinesischen Zivilisation besteht aus der traditionellen Weltsicht und den moralischen Werten, in denen die Gesellschaft verankert ist. Was ist der Kosmos, was die Welt? Wie stehen Mensch und Welt zueinander? Das sind grundlegende Fragen der chinesischen Philosophie. Fast alle großen chinesischen Denker, beginnend von Ji Dan, dem Fürsten von Zhou der Westlichen Zhou-Dynastie (11. Jh.-771 v. Chr.), bis zu Zhang Taiyan (1868-1936) und Sun Yatsen (1866-1925), dem Begründer des modernen China, betrachteten die Beziehungen zwischen Himmel und Mensch als grundlegend. Die Erklärungen in den Überlieferungen von »Pangu, der Himmel und Erde teilte« oder »Nüwa, die den Himmel zusammenfügte« waren erste Mythen und Legenden. Was der Kosmos wirklich ist, hat die Philosophie zu beantworten.

Laozi, der große Denker der »Frühlings- und Herbstperiode« (770-476), war der erste Philosoph, der den Kosmos aus den Phänomenen der Welt zu erklären versuchte, ohne sich auf übernatürliche Kräfte zu berufen. Die Existenz von Laozi als Person bleibt historisch ungesichert; sie scheint dem Wunsch der damaligen Zeit geschuldet, Gedankenschulen einem benennbaren Vordenker zuzuschreiben.

Den Überlieferungen zufolge stammte Laozi – sein tatsächlicher Name war Li Er – aus dem Kreis Ku im Reich Chu (heute Kreis Luyi in der Provinz Henan). Genaue Lebensdaten werden nicht genannt, er soll etwa zwischen 571 und 471 v. Chr. gelebt haben.

Über sein Leben wird berichtet, dass er die kaiserlichen Archive der Zhou-Dynastie beaufsichtigte. Als solcher wird er Zugang zu alten Schriften gehabt haben, die anderen unzugänglich waren. So vermochte er sich umfangreiches Wissen anzueignen. Belesen und mit Verständnis für den Aufstieg und Fall von Staaten, kannte er eine Vielzahl überlieferter Geschichten, die Etikette der Gesellschaft und die Regeln des höfischen Protokolls. Deshalb nannte man ihn »Laozi« – »alter Meister«. Als später ein Bürgerkrieg um den Thron der Zhou-Dynastie ausbrach, flüchtete Laozi nach Qin in den Westen. Beim Passieren des Hangu-Passes (südwestlich der heutigen Stadt Baoling, Provinz Henan) wollte der Grenzwächter Yin Xi ihn nur unter der Bedingung weiter ziehen lassen, dass er seine Lehre schriftlich niederlegte. Als Laozi sein Meisterwerk, »Laozi« – das später »Daodejing« genannt wurde und auch als »Tao-Te-King« und »Daudedsching« bekannt ist –, beendet hatte, soll er den Proviant, den Yin Xi ihm überlassen hatte, zusammengepackt haben, auf einen Ochsen gestiegen sein und in tiefer Melancholie versunken den Pass nach Westen überquert haben. Niemand weiß, was aus ihm geworden ist.

Nach Laozi ist das »Dao« – der »Weg« – Quelle und Wurzel der Erde, des Himmels und aller Erscheinungen dazwischen. Das »Dao« hat weder Anfang noch Ende: »›Dao‹ ist Natur, und Natur ist ›Dao‹.« Das »Dao« existiert durch sich selbst und ist unabhängig vom Willen und der Kontrolle Dritter. Es ist unendlich und allgegenwärtig; es fließt frei und absolut und folgt nur seinen eigenen Gesetzen. Das »Dao« ist Ursprung aller Dinge, und alle Dinge im Kosmos kommen vom »Dao«.

Laozi zufolge ist der Kosmos ein Kreis, angefüllt mit der sich stets in Bewegung befindenden Lebensenergie, dem »qi«. Alles, von den zahllosen Galaxien bis zu den kleinsten Teilchen, mit Bergen, Flüssen und Ebenen, Pflanzen und Tieren, bestehe aus dieser Lebensenergie. Anders ausgedrückt: Alles in der Welt ist ein Produkt der Natur. Es gibt keinen Gott, keine Gottheiten, keine übernatürlichen Kräfte – nichts jenseits des »Dao«.

Häufig wird Laozi auf einem Wassserbüffel reitend dargestellt.

Nach dieser Lehre ist auch der Mensch Produkt und Teil der Natur. Laozi sagt: »Zunächst gab es Himmel und Erde, und dann alles auf der Erde; als es alles auf Erden gab, kamen Mann und Frau; und als es Mann und Frau gab, entstanden Paare und Familien.«

Mit Hilfe des Gedankens »Das ›Dao‹ folgt der Natur« beziehungsweise »Dem ›Dao‹ ist der eigene Lauf Gesetz« offenbart Laozi eine allgemein verbreitete und doch tiefgehende Wahrheit: Alle Dinge und Kreaturen auf der Welt, Menschen und Gesellschaft, haben einen »natürlichen« Charakter. Solange der »Weise« oder der ideale Herrscher dem »Dao« folgt, werden seine Untertanen sich entsprechend ihrem Wesen entwickeln und an ihrem Platz in der Welt gehorsam sein. Das bedeutet Laozis »Das ›Dao‹ folgt der Natur« für den Alltag und die Gesellschaft.

Vom Konzept »Das ›Dao‹ folgt der Natur« lässt sich ableiten, dass der Mensch den Gesetzen der Natur folgen muss und die Natur nicht ausbeuten darf. Darum sind alle Worte, Handlungen und Regeln, die die Gesetze der Natur verletzen, fehlsam und werden Verderben über die Menschheit bringen. Den Gesetzen

Eine Gruppe von Schreibern kopiert Laozis Schrift »Daodejing«
und überreicht diese dem Kaiser.

der Natur gehorchen und dem menschlichen Verlangen folgen ist deshalb eine Hauptregel der traditionellen chinesischen Weltsicht.

Die Harmonie zwischen Himmel und Menschen oder zwischen Natur und Gesellschaft ist ein grundlegender Gedanke der chinesischen Kultur. Die Verehrung des Himmels ist ebenso wie der Schutz des Volkes eine in der chinesischen Kultur tief verankerte Schlussfolgerung daraus. Seit ihrem Anbeginn erkennt die chinesische Philosophie den Menschen und seine Bedürfnisse als festen Bestandteil der Welt. Die Menschheit und ihre Bedürfnisse wurden stets als Teil des Himmels und der Natur betrachtet und nicht als deren Sklaven. Dieses Denken, das dem Menschen besondere Aufmerksamkeit schenkt, ist ein Grundsatz der traditionellen chinesischen Kultur. Doch bedeutet der Begriff Mensch in der chinesischen Kultur meist eine Gruppe von Menschen, bis hin zum Volk. Es geht eher um die Gesellschaft als um das Individuum. Gedanken wie der Humanismus der modernen westlichen Kultur, die Befreiung des Individuums und die Menschenrechte des Einzelnen können die chinesische Kultur durchaus bereichern.

Harmonie zwischen der Natur und dem Menschen erfordert, dass der Mensch den Geboten der Natur Folge leistet und ihnen nicht zuwider handelt. Zhuangzi (ca. 396-286 v. Chr.) träumte sogar von einer Gesellschaft, in der der Mensch in Harmonie mit Tieren – Vögeln, Insekten und Fischen –, mit Blumen, Bäumen, Bergen und Flüssen lebt, wo Mensch und Natur in engem Kontakt miteinander stehen und eine vollkommene Partnerschaft eingehen. Die alten Weisen wie Laozi lehrten schon früh, dass Natur und Mensch in einer großen gemeinsamen Familie leben sollten. Mit dem Werk »Das wahre Buch vom südlichen Blütenland« (*Nan hua zhen jing*) schuf Zhuangzi das zweite Hauptbuch des Daoismus neben dem »Daodejing«. Die Lehren von Laozi und Zhuangzi brachten die Idee des alten China von der idealen Gesellschaft zum Ausdruck. Und sie zeigen, welch hohes Niveau die damaligen Philosophen bei der Betrachtung der Beziehung zwischen Mensch und Natur erreichten.

Die dialektische Methode des Denkens ist ein anderes wichtiges Merkmal der chinesischen Weltanschauung. Die alten Weisen der Zhou-Zeit, die das Wahrsagebuch »Buch der Wandlungen« (*Zhouyi* oder *Yijing*) verfassten, waren der Auffassung, dass sich das Universum aus zwei einander gegenüber stehenden Extremen zusammensetzt und dass kleine Veränderungen zu größeren führen.

Laozis Werk »Daodejing« verdeutlicht dieses Prinzip für die unterschiedlichsten Lebens- und Gefühlslagen. Laut seiner Philosophie bedingen sich »Glück« und »Unglück« gegenseitig und gleichermaßen lösen sie einander ab. Zhuangzi übernahm diese Dialektik und entwickelte sie weiter; er formulierte: »Sicherheit und Gefahr wechseln einander ab, Unglück und Glück bringen einander hervor.« Zhuangzi entwickelte diesen Gedanken ins Extreme, betrachtete alles als im Übergang befindlich und verfiel in Relativismus und Fatalismus. Seine berühmte »Geschichte vom Schmetterlingstraum« drückt dies aus; es ist ein Gleichnis, das die Bewusstseinslage zwischen Traum und Wirklichkeit beschreibt: Der Schlafende verwandelt sich im Traum in einen Schmetterling, der nichts mehr weiß von der Person des Träumenden. Beim Aufwachen ist er wieder die Person und es erscheint nun ebenso möglich, dass im Gegenteil der Schmetterling träumte, er habe sich in einen Menschen verwandelt. Für Zhuangzi ist dies das Prinzip der »Wandlung der Dinge«.

Theorien über eine ideale Gesellschaft

Ideale Individuen bilden ideale Gruppen; ideale Gruppen bilden eine ideale Gesellschaft; ideale Gesellschaften bilden zusammen mit der ewigen Natur ein vollkommenes Universum. Dies war im alten China die Vision von einer idealen Welt. Jede der vielen

Gedankenschulen, die sich in der »Frühlings- und Herbstperiode« entwickelten, hatte ihre eigenen Vorstellungen von einer idealen Gesellschaft.

Laozi meinte, es sei das Beste für den Herrscher oder die Regierung, nichts zu tun und die Natur sich selbst zu überlassen, dennoch bliebe »nichts ungemacht«. Ein guter Herrscher sollte nichts tun und seine Untertanen für sich selbst sorgen lassen. Zhuangzi wiederholte Laozis Idee, entwickelte sie jedoch auch weiter, in dem er postulierte, ganz und gar »der Natur zu folgen«.

Mo Di (Mozi, 480?-390? v. Chr.; Gründer des Mohismus) lehrte, dass eine ideale Gesellschaft der »Menschenliebe« folgen und keinen Krieg beginnen dürfe. Nach der Lehre von der »allgemeinen, vereinigenden Menschenliebe« (*jian'ai*) soll ein jeder geliebt werden und ein jeder ist aufgefordert, Liebe zu geben. Ohne Menschenliebe seien Kriege unvermeidlich, deshalb lehrt er den Pazifismus. Wenn es keinen Krieg gibt, werden die Menschen einander lieben: »Gegenseitige Liebe führt zu gegenseitigem Nutzen.« Die Idee der Philanthropie hatte in Mo Di vor 2000 Jahren einen frühen Vordenker.

Han Feizi (ca. 280-233 v. Chr.), der bedeutendste Legalist, wollte mit der Verbindung von Gesetz, rechtem politischen Handeln und Macht eine ideale Gesellschaft schaffen. Mit seinen Forderungen: »Das Gesetz darf sich nicht vor dem Mächtigen beugen«, und »Strafen und Belohnungen für hohe Beamte und einfache Leute müssen gleich sein«, war er der erste Verfechter des Grundsatzes, dass vor dem Gesetz alle gleich sein sollen. Kaiser und Könige sollten die Kunst des politischen Handelns erlernen, während die Beamten und das einfache Volk dem Gesetz zu folgen hätten. Politik und Gesetz beruhen auf Macht. Der mit Macht ausgestattete Herrscher muss über politisches Geschick verfügen, die Untertanen haben die Gesetze einzuhalten. Das Erfordernis der Rechtsstaatlichkeit bezieht sich also auf die Untertanen und die Massen, nicht auf den Herrscher. Die Menschen in Han Feizis idealer Gesellschaft haben sich entsprechend den Gesetzen zu verhalten, da dies zu ihrem Besten ist. Über ihnen thront jedoch der oberste Herrscher.

Die Hauptgedanken zur idealen Gesellschaft finden sich im Konfuzianismus, den Theorien des Konfuzius. Für Konfuzius besteht die schönste, idealste Gesellschaft – die »Welt der Großen Harmonie« – aus vielen rational handelnden Individuen, die gesellschaftliche Regeln einhalten. In dieser vereinten und harmonischen Gesellschaft trägt jeder nach seiner Begabung und seinen Kräften zum Gemeinwohl bei; umgekehrt wird er von der Wiege bis zum Grab versorgt – und ist glücklich.

Konfuzius (551-479 v. Chr.) hieß eigentlich Kong Qiu. Konfuzius ist die latinisierte Form von »Kongzi« bzw. »Kong fuzi« – »Meister Kong«. Seine Vorfahren gehörten zum Adel des Staates Song; später suchten sie Zuflucht in Zouyi im Königreich Lu (südlich der Stadt Qufu, Provinz Shandong). Über sein Leben wird ausführlich in den »Historischen Aufzeichnungen« (*Shiji*) von Sima Qian berichtet. Danach meinte das Leben es in jungen Jahren nicht gut mit Konfuzius: Sein Vater starb, als er drei Jahre alt war; mit siebzehn verlor er seine Mutter. Mit 19 Jahren heiratete er und trat in den Staatsdienst des Staates Lu ein. Während seiner politischen Laufbahn hatte er Ministerposten inne, die er jedoch wieder aufgab. Gemeinsam mit seinen Schülern begab er sich dreizehn Jahre lang auf Wanderschaft durch verschiedene Reiche. Konfuzius war nicht nur Philosoph, Politiker und Pädagoge, sondern wurde auch als Künstler verehrt. Er verstand die Schönheit der Musik; später nahm er sie in die »Liste der Sechs Künste« auf. Die Dichtkunst stellte er an den Beginn dieser Liste. Drei Jahre vor seinem Tod kehrte er in den Staat Lu zurück.

Sittlichkeit (*li*) und Menschlichkeit (*ren*) bilden den Kern der Theorien des Konfuzius. Sittlichkeit hat nicht nur mit politischer Macht zu tun, sondern ist auch Anleitung zum eigenen persönlichen Verhalten – in ihr manifestiert sich die »Welt der Großen Harmonie«. Konfuzius studierte die Rituale und

Normen der Xia-, Shang- und Zhou-Dynastie und veränderte sie. Bei den von ihm gelehrten Riten handelt es sich um solche der Zhou, die er den Bedürfnissen der damaligen Gesellschaft angepasst hatte.

Menschlichkeit ist die höchste Tugend, gleichsam die Seele der Sittlichkeit. Sie ist Norm aller zwischenmenschlichen Beziehungen; sie erfordert Liebe und Respekt für den anderen. Menschlichkeit ist die höchste Kategorie im konfuzianischen Denken; sie ist das zentrale Konzept, das Weltanschauung und Lebenseinstellung, ethisches Denken und Persönlichkeit, psychologische Struktur und moralische Werte der Menschen bestimmt.

Wie aber lässt sich eine solche »Welt der Großen

Die beiden Schriftzeichen »Mo« und »Zhuang« stehen für Mozi, einen Schüler des Konfuzius, und Zhuangzi, den daoistischen Philosophen aus dem 4. Jahrhundert v. Chr.

Harmonie« verwirklichen? Konfuzius lehrte, dass ein Kanon von Regeln und Normen zu schaffen sei. Herrscher und Untertan, Vater und Sohn, alle haben entsprechend ihrer Position den moralischen Prinzipien und der Etikette zu folgen. Wünsche und Handlungen, die der eigenen Position nicht entsprechen, sind dagegen zu unterdrücken – das ist »Selbstbeherrschung und Erfüllung der Riten«. Konfuzius sagt: »Sich selbst beherrschen, um die Riten zu erfüllen, ist Menschlichkeit. An dem Tag, an dem Selbstbeherrschung die Riten erfüllt, werden alle unter dem Himmel voll Menschlichkeit sein.« Menschlichkeit ist erreicht, wenn alle sich diszipliniert und ihrem sozialen Rang entsprechend verhalten: »Ein gütiger Mensch liebt seinen Nächsten.« Eine harmonische Gesellschaft entsteht, wenn jeder seine persönlichen Wünsche unterdrückt und den Regeln der gesellschaftlichen Ordnung Folge leistet. Die Anweisung: »Lasst die Fürsten Fürsten sein, die Untertanen Untertanen sein, die Väter Väter und die Söhne Söhne sein«, wurde für die herrschende Schicht entworfen. Sie impliziert, dass ein Herrscher, der sich nicht wie ein solcher verhält, entthront werden kann.

Menzius (Mengzi, ca. 372-289 v. Chr.), der bedeutendste Nachfolger von Konfuzius, setzte später hier an. An den Ideen von einer »Politik der Menschlichkeit« (*renzheng*) und der Sittlichkeit hielt er fest, stellte aber das Volk über den Herrscher. Menzius sagt: »Die Interessen des Volkes stehen an erster Stelle, darauf folgen die des Staates, die Interessen des Herrschers aber haben am wenigsten Gewicht.« Menzius stellte den Herrscher nicht nur unter das Volk und das Land, sondern vertrat auch den Gedanken, dass ein »despotischer Herrscher ausgeschaltet« werden kann. Die ideale Gesellschaft im Konfuzianismus hat keinen Platz für Tyrannei und Despotismus. Sie ist eine Gesellschaft der Harmonie und Ordnung, der Menschlichkeit und der Riten.

Zu seinen Lebzeiten konnte Konfuzius sein Ideal von der »Welt der Großen Harmonie« nicht verwirklichen. Mit 30

Jahren begann er zu lehren. Angeblich hatte er 3000 Schüler, darunter 72 Lieblingsschüler. Zusammen mit seinen Schülern reiste er von einem Königreich zum anderen, um seine Ideen zu verbreiten. Doch fand er wenig Beachtung. Im Alter kehrte er in seine Heimat zurück, um seine Schriften abzuschließen. Er sichtete und kompilierte alte chinesische Texte und trug damit wesentlich zur Erhaltung und Entwicklung des kulturellen Erbes Chinas bei.

Traditionelle Ethik und moralische Werte

Die alten Gelehrten betrachteten die Familie als kleinsten Teil der Gesellschaft. Da die Familie auf Blutsverwandtschaft beruht, ist die Beziehung zwischen Vater und Sohn Kern aller Beziehungen – ein Merkmal aller patriarchalischen Gesellschaften. Von hier aus breitet sich ein Beziehungsgeflecht aus, das die Beziehungen zwischen Ehemann und Ehefrau, Herrscher und Untertan, Alt und Jung sowie zwischen Freunden umfasst. In diese »Fünf Grundbeziehungen« lassen sich die meisten Beziehungen zwischen Menschen einer Gesellschaft einordnen. Mit der Evolution der Gesellschaft haben sich auch die »Fünf Grundbeziehungen« entwickelt, verändert und erweitert. Dennoch hat sich das Konzept in tausenden von Jahren stets nach den Prinzipien von Harmonie (*he*) und Menschlichkeit (*ren*) gerichtet. Einheit und Harmonie, Liebe und Achtung sind für die »Fünf Grundprinzipien« von zentraler Bedeutung.

In der Gesellschaft hat jedes Individuum mehr als nur eine Rolle. Ein Vater ist gleichzeitig auch Sohn, und ein älterer Mensch ist gegenüber jemanden, der noch älter ist, der Jüngere. Deshalb muss jeder Mensch gleichzeitig mehrere Verhaltensprinzipien und Wertmaßstäbe haben und seiner jeweiligen Rolle entsprechend reden und handeln.

Harmonie in den »Fünf Grundprinzipien« ist Voraussetzung für eine harmonische Gesellschaft. Ihre ethischen Wertmaßstäbe sind Gradmesser der Moral. Die Verletzung etablierter Normen ist unmoralisch; die Gesellschaft zeigt die Zuwiderhandelnden an und bestraft sie. Diese tief verwurzelten ethischen Konzepte haben in den vergangenen tausenden von Jahren eine wichtige Rolle bei der Erhaltung fester, hehrer Moralvorstellungen gespielt. So verbietet es sich, gegen den Willen der Eltern zu handeln, die Alten nicht zu respektieren und den Freunden nicht zu helfen. Diese universellen Werte stehen im Mittelpunkt ethischer Traditionen.

Strenge ethische und moralische Wertvorstellungen haben herausragende Persönlichkeiten hervorgebracht. Die Weisen im alten China lehrten Sätze wie: »Sei der erste, der sich über die Staatsangelegenheiten sorgt, und der letzte, der sich vergnügt«, oder: »Schwelge nicht in Macht und Reichtum, schwanke nicht angesichts von Armut und Schlichtheit; dann wirst du Macht und Gewalt widerstehen.« Viele bedeutende Persönlichkeiten haben diese Lehren als ihre Leitsätze verinnerlicht.

Konfuzius erhob Menschlichkeit zur zentralen und höchsten Norm nationaler und gesellschaftlicher Moral und hoffte, dass sie zum allgemeingültigen Moralkodex werden würde. Er hatte sich nicht getäuscht. Menzius entwickelte die Lehre des Konfuzius weiter. Er verfocht den Gedanken der Rechtschaffenheit (*yi*) als zentraler und höchster moralischer Norm des Landes. Dieser Lehrsatz wurde Leitgedanke für die Regelung von Staatsangelegenheiten in den letzten zweitausend Jahren. Konfuzius' Konzept der Menschlichkeit führte zur Anklage von Tyrannen und Despoten. Von Menzius' Gedanken der Rechtschaffenheit lässt sich logisch ableiten, dass ein »despotischer Herrscher ausgeschaltet« werden kann. Für Menzius ist Rechtschaffenheit der höchste geistige Wert. Um sie zu verteidigen und durchzusetzen, sollte man selbst sein Leben einsetzen. »Für Gerechtigkeit zu sterben« wurde somit zur mutigsten Handlung des Einzelnen. Wer dies tat, war ein Mensch edler Gesinnung, ein Land, das viele solche Menschen hervorbrachte, hatte Größe.

Für Menzius stand bei den fünf Moralprinzipien – Menschlichkeit (*ren*), Rechtschaffenheit (*yi*), Riten (*li*), Intelligenz (*zhi*) und Vertrauen (*xin*) – die Rechtschaffenheit im Mittelpunkt. Rechtschaffenheit meint Gerechtigkeit, also rationale, vernünftige Regeln. Mochte sich die Auslegung dieser Regeln im Lauf der Zeit auch ändern, blieben die grundlegenden Werte doch erhalten.

Entwicklung der chinesischen Philosophie

Die traditionelle chinesische Philosophie repräsentierte immer eine Vielzahl von philosophisch-politischen Strömungen. Die Gedankenschulen reflektierten über die zentralen Beziehungen zwischen Kosmos und Mensch. Daraus ergaben sich konkrete Anweisungen und Konsequenzen für die Lebensführung, damit der Mensch in Form eines »Edlen« (*junzi*) als moralisch einwandfreie Person das Ziel der Verwirklichung einer idealen Gesellschaft umsetzen kann.

Die Gedankenschulen der Daoisten und Konfuzianer wurden sowohl durch die ihnen zugeschriebenen Hauptwerke – seien es das »Daodejing« oder die »Gespäche des Konfuzius« (*Lunyu*) – als auch durch die begleitenden Kommentierungen und umfangreichen Sammlungen ihrer Nachfolger entscheidend bereichert.

Konfuzius soll selbst empfohlen haben, die später als so genannte »Fünf Klassiker« bezeichneten Werke des chinesischen Altertums zu studieren. Dabei handelt es sich um das zhouzeitliche »Buch der Wandlungen« (*Yijing*), das »Buch der Lieder« (*Shijing*; eine Sammlung von Volksliedern), das »Buch der Urkunden« (*Shujing*; eine Sammlung von kommentierten Gesetzen und

皇帝萬歲

三教聖象
唐肅宗皇帝贊

吾儒之師曰魯
伸尼佀尼師眪
龍吾不知耕師
竺敦善入無為
稽首屈覺吾師
師

Erlassen), das »Buch der Riten« (*Liji*) und die »Frühlings- und Herbstannalen« (*Chunqiu*). Angeblich wurden alle diese Werke von Konfuzius selbst kompiliert; das zentrale Werk, das seine Weisheiten wiedergibt – »Gespräche des Konfuzius« (*Lunyu*) – stammten nicht aus seiner eigenen Feder, sondern wurde erst später von seinen Schülern zusammengestellt.

Während der Han-Dynastie (206 v. Chr.-220 n. Chr.) erlangte der Konfuzianismus den Status einer Staatsphilosophie und trug entscheidend zur stabilen Entwicklung und Prosperität dieser Zeit bei. Mit den wechselvollen und kriegerischen Auseinandersetzungen der Wei- und Jin-Periode gewann der Daoismus vom dritten bis sechsten Jahrhundert erneut an Bedeutung. Während der Tang-Dynastie übernahm dann der Buddhismus in China die vorherrschende Rolle.

Erst in der Song-Dynastie (960-1280 n. Chr.) wurde der Konfuzianismus neu belebt und Elemente aus Daoismus und Buddhismus integriert. Als so genannter »Neo-Konfuzianismus« entwickelten sich zwei Richtungen, erstens die »monistische Schule«, die Einheit zwischen dem Kosmos und dem Ich betont, sowie zweitens die »dualistische Schule«, die von einer Gegensätzlichkeit von Kosmos und dem Ich ausgeht.

In der Ming-Dynastie wurde eine idealistische Strömung durch einen der bedeutendsten Vertreter des Neo-Konfuzianismus, Wang Yangming (eigentlicher Name Wang Shouren; 1472-1529), propagiert, die bis in die Qing-Zeit großen Einfluss hatte. Wang Yangming betonte die Rolle der Vernunft als ein höchstes Prinzip: Diese Vernunft ist intuitiv geleitet; ein »angeborenes Wissen« kann Gut und Böse intuitiv unterscheiden und wird das Handeln zwangsläufig zum Guten führen.

In der Qing-Dynastie blieb der Neo-Konfuzianismus etabliert, es setzte jedoch eine Auseinandersetzung (und Verwerfung) der

Konfuzius, Buddha und Laozi in einer Darstellung als Religionsstifter in einer undatierten Steingravierung.

Kommentare zu den klassischen Schriften ein, die in der Song-bzw. Ming-Zeit verfasst worden waren. Es kam zu einer Rückkehr zu den Kommentaren und Schriften der Han-Dynastie.

Mit dem Eindringen der Kolonialmächte in China stand die Qing-Herrschaft vor der direkten Auseinandersetzung mit den konkurrierenden Modellen der ausländischen Mächte. Als einer der letzten konfuzianischen Vertreter galt im 19. Jahrhundert Kang Youwei (1858-1927), dessen Ideen die »Hundert-Tage-Reform« von 1898 leiteten.

Mit Beginn des 20. Jahrhunderts hielten westliche philosophische Strömungen in China Einzug. Nach dem Ende des Kaiserreiches und der Gründung der Republik China 1912 kam es zu einer wichtigen Neuausrichtung im Zuge der nach ihrem Datum benannten »Bewegung des Vierten Mai« (*Si wu yundong*) von 1919. Die Revolution von 1911 hatte das Kaisertum abgeschafft, doch die halb-koloniale, halb-feudalistische Gesellschaft bestand weiterhin. Der nach dem 1. Weltkrieg auf der Pariser Friedenskonferenz geschlossene Versailler Vertrag führte mit seinen China betreffenden Artikeln am 4. Mai 1919 zu großen Studentendemonstrationen zunächst in Peking und dann landesweit. Die »Bewegung des Vierten Mai« schrieb Parolen wie »Nieder mit dem Konfuzianismus« und »Für Demokratie und Wissenschaft« auf ihre Banner. Sie setzte sich ein für die Einführung neuer Gedanken, neuer Ideen und neuer Methoden. Viele Gedanken der westlichen Philosophie, Literatur und Wissenschaft, denen der Zutritt nach China bis dahin verwehrt worden war, strömten nun ins Land. Diese so genannte »neue Kultur« – der »neue Geist« – umfassten zum einen die ganze Bandbreite von Disziplinen wie Philosophie, Naturwissenschaften, Literatur, Kunst, Ästhetik, Wirtschaftswissenschaften; zum anderen beinhalteten sie die neue Ideologie des Marxismus und Leninismus. Die Gründung der »Kommunistischen Partei Chinas« im Jahr 1921 wird ebenfalls im Nachklang der »Bewegung des Vierten Mai« gesehen.

KAPITEL 6

TRADITIONELLE LEBENSART

Ein Volk kann zwischen zwei unterschiedlichen Arten zu leben wählen. Um es mit dem britischen Philosophen Bertrand Russell (1872-1970) zu sagen: Die eine Art besteht in Konflikt, Suche, unablässiger Reform, Unzufriedenheit und Zerstörung. Die andere besteht in Anpassung an die Natur, das Eingehen auf Wandel, allmählichem Fortschritt, Frieden und Einklang. Russell besuchte China im Jahr 1920 während einer Vortragsreise. Er stellte die chinesische Art zu leben dem westlichen Lebensstil gegenüber. Als ein Prinzip des chinesischen Lebens empfand er das ganzheitliche Konzept von Harmonie und Ordnung. Mit dieser Betrachtung deckte er zwar nicht das gesamte chinesische Leben ab, wohl aber die chinesischen Traditionen.

Die Familie als Mittelpunkt des Lebens

Die Beziehungen zwischen dem Einzelnen, der Familie (bis hin zur Sippe) und der Gesellschaft sind für jede Gesellschaftsordnung von grundlegender Bedeutung. Historisch gesehen steht im Westen die Beziehung zwischen Individuum und Gesellschaft im Mittelpunkt, das Glied »Familie« hat eine geringere Bedeutung. In China ist die Beziehung zwischen der Familie (Sippe) und der Gesellschaft besonders wichtig. Das Individuum ist nicht der Ausgangspunkt der Betrachtung, es fehlt oder spielt eine nur untergeordnete Rolle. Die Entwicklung von Gesellschaftsordnungen überall auf der Welt zeigt, dass keines der drei Glieder fehlen darf. Die ideale Gesellschaft sorgt für

Harmonie und Ordnung zwischen dem Individuum, der Familie und der Gesellschaft.

In der Theorie steht die traditionelle chinesische Art zu leben für Harmonie und Ordnung zwischen dem Einzelnen, der Familie und der Gesellschaft. Der beste Weg, dieses Ideal zu erreichen, ist es, »sich charakterlich zu vervollkommnen, ein gutes Familienleben zu führen und das Land erfolgreich zu regieren«.

Chinesische Familie um 1900.

So überzeugend dieser Ansatz klingen mag – seine Durchführung war nicht immer einfach.

In der traditionellen chinesischen Kultur ist die Familie die grundlegendste Einheit der Gesellschaft. Die Gesellschaft insgesamt wird als eine Erweiterung der Familie angesehen, das Individuum wird hauptsächlich als Teil dieser Familie betrachtet und weniger als »unabhängige Einheit«. In der chinesischen Ethik ist die Blutsverwandtschaft zwischen Vater und Sohn das zentrale Element der Gesellschaft. In den Großfamilien im alten China lebten vier oder fünf Generationen zusammen. Heute sind es in der Regel nur zwei Generationen. Doch das Ideal von den »vier Generationen unter einem Dach« – Vater und Mutter, Sohn, Schwiegertochter (oder Tochter und Schwiegersohn), Enkel, Ehefrau des Enkels, Urenkel und Urenkelin – lebt weiterhin fort.

»Lebt die Familie harmonisch zusammen, werden alle Dinge gedeihen«, »ein gutes Familienleben« ist Grundlage für die »erfolgreiche Regierung des Landes« – dies sind traditionelle chinesische Prinzipien. So lange die Familie einig, stabil und glücklich ist, kann auch die Gesellschaft in Harmonie gedeihen. Dies scheint eine allgemeingültige Wahrheit geworden zu sein. Auch heute noch ist ein erfülltes und harmonisches Familienleben innigster Wunsch und grundlegendstes Ideal aller Chinesen. Jedes Mitglied einer chinesischen Familie ist Bestandteil dieser Ordnung (*xu*). Jedes Familienmitglied hat mehrere Rollen inne, die jeweils bestimmten Verhaltensnormen und moralischen Prinzipien unterliegen: Eltern sind nicht nur Vater und Mutter, sondern auch Nachfahren ihrer Ahnen; zugleich sind sie Ehemann und Ehefrau. Sie sind Vorbilder bei der Verehrung der Alten und der Fürsorge für die Jungen. Sie sind es, die die Begriffe Liebe, Hilfe und Respekt mit Leben erfüllen. Gleichzeitig sind sie Teil der Gesellschaft und müssen als solcher berufliche Hingabe, Fleiß, Bescheidenheit, Selbstachtung und Selbständigkeit vorleben; sie müssen ein gutes Familienleben führen und zu ihren Überzeugungen stehen. Nur so erziehen sie ihre Kinder zu einer pflichtbewussten Generation und zu aufrechten Bürgern. Aus diesem Grund genoss die Erziehung im Elternhaus stets besonderen Stellenwert. Jemandem »mangelnde Erziehung durch das Elternhaus« zu attestieren war stets Ausdruck größter Geringschätzung.

Das Ziel von Ordnung ist Harmonie (*he*). In der chinesischen Familie schafft die Hierarchie zwischen Alt und Jung eine Umgebung der Wärme, der Einigkeit und der Harmonie; sie umfasst sowohl die Erinnerung an die Vorfahren und ihre Verehrung als auch die Liebe und die Fürsorge für die Jungen. Alle Äußerungen oder Handlungen, die dem abträglich sind, werden als pietätlos angesehen und von den anderen Familienmitgliedern getadelt. Chinesen legen Wert auf den Platz und die Rolle eines jeden Mitglieds in der Familie und auf ein harmonisches Zusammenleben aller.

Familien haben sich zu Sippen entwickelt; aus Sippen wurden Gemeinschaften. China wird u.a. vom Band der Sippen zusammengehalten. Die Legitimierung durch die Ahnen ist bis auf den heutigen Tag eine der wichtigsten das chinesische Volk einenden Kräfte. Die Tradition der Wertschätzung der Familie ist Jahrtausende alt. Ein herausragender Vorfahr ist auch noch nach tausend Jahren der Stolz seiner zahlreichen Nachfahren.

Speisen und Gesundheit – eine Philosophie

Der reichhaltige chinesische Speisezettel ist ein Produkt der chinesischen Geschichte. Der Nahrungserwerb entwickelte sich vom Jagen und Fischen über die Viehzucht bis zum Ackerbau. Die chinesische Küche ist über eine Entwicklung von mehreren tausend Jahren zu der heute erreichten einzigartigen Perfektion gelangt. Der Speisezettel umfasst sowohl tierische als auch pflanzliche Nahrung.

Für den Chinesen gehört das Essen zu den schönsten Seiten des Lebens. Es ist mehr als eine genussvolle Nahrungsaufnahme; es drücken sich die Prinzipien von Harmonie und Ordnung besonders vollkommen aus. Runde Formen stehen für Vereinigung und Harmonie, und so kommt es nicht von ungefähr, dass beim Essen gern runde Dinge verwendet werden: runde Tische, runde Schalen und runde Teller. Dennoch gibt es auch am runden Tisch eine strenge Hierarchie, nach der Ältere und Jüngere, Höherrangige und Niederrangige, Gäste und Gastgeber platziert werden. Geht man zu Tisch, nehmen zunächst die Älteren, Höhergestellten und die Ehrengäste ihren Platz ein. Darauf folgen die Kinder; ihnen wird besondere Aufmerksamkeit geschenkt, man setzt sie neben die Älteren. Dieser Kreis spiegelt die Regeln der chinesischen Ethik wider. Eine Mahlzeit wird durch das Ausbringen von Toasts, das Anbieten von Speisen, wiederholte Aufforderungen zum Trinken und den Wechsel des Geschirrs begleitet. Dabei stehen die höhergestellten Teilnehmer im Mittelpunkt. Eine Tafel kann jedoch auch anders ausgerichtet werden: Während ein runder Tisch eher eine fröhliche und informelle Stimmung fördert,

Gastmahl bei einem hohen chinesischen Beamten (Mandarin) im 19. Jahrhundert.

betont eine lange Tafel die Rangordnung der Teilnehmer. Die Stimmung an einem solchen Tisch ist ernster und formaler als an einem runden.

Eine hoch entwickelte Etikette bestimmt die Wahl des Geschirrs und des Bestecks sowie die Reihenfolge der Speisen. Bei Tisch werden Trinkwettspiele veranstaltet und Rätsel geraten, man knobelt mit den Fingern und gibt Lieder zum Besten. Dies alles steht in enger Verbindung mit der chinesischen Kultur und Kunst. Besonders erwähnenswert sind die Hack- und Schneidevorführungen der Köche bei Tisch. Jedes Gericht fordert ihre Fertigkeit im Schneiden und Schälen, im Schnitzen von Verzierungen und im Formen der Speisen. Jeder Gang verdient Bewunderung: Während die Gäste von den erlesenen Gerichten kosten, genießen sie deren kunstvolle Gestaltung. Ein großes Essen in der Familie gibt den Chinesen auch Gelegenheit, ethische Werte und familiäre Verbundenheit auszudrücken; die Stimmung bei einer solchen Zusammenkunft geht besonders tief.

China hat stets großen Wert auf gute Küche gelegt; das Kochen wird als nicht weniger wichtig angesehen als das Regieren des Landes: »Ein großes Land zu regieren ist wie das Kochen vieler kleiner Speisen.« Unterschiedliche Weisen, eine Mahlzeit zuzubereiten, sind für Staatsmänner Inspiration für die gute Regierung des Landes: »Für den Menschen ist gutes Essen ein Weg, das Himmelreich auf Erden zu finden.«

Die chinesische Küche hat Einflüsse der Philosophie, der Kultur und der Kunst in sich aufgenommen. Zu allen Zeiten haben Literaten und Künstler die chinesische Esskultur gefördert und weiterentwickelt. Mit ihrer Belesenheit und schöpferischen Begabung haben sie die Küche verfeinert und so manches Feinschmeckergericht kreiert. Berühmt sind das »Schweinefleisch à la Dongpo« des Dichters Su Dongpo (1036-1101) oder das »scharf gewürzte Schweinefleisch mit Erdnüssen« des Gong Baozheng, eines Beamten der ausgehenden Qing-Zeit. Manches einfache lokale Gericht wurde Teil der großen chinesischen

Küche. Wusste ein Gebildeter die Kunst der Küche nicht zu würdigen und vermochte er nicht wenigstens einige schmackhafte Gerichte zuzubereiten, galt seine Bildung chinesischer Tradition entsprechend als unvollkommen.

Die chinesische Küche richtet sich nach den vier Jahreszeiten und den Festtagen. Zum Frühlingsfest soll man Fisch essen, denn Fisch steht für Überfluss – im Chinesischen klingen beide Wörter gleich. Wenn man mit Fleisch und Gemüse gefüllte Teigtaschen (*jiaozi*) isst, soll dies »Geld und Schätze einbringen«, und der Genuss von Neujahrskuchen verspricht »jährliche Beförderung«. Mondkuchen zum Mondfest im Herbst symbolisieren die »Zusammenkunft der ganzen Familie«. Teigtaschen werden gereicht, wenn die Gäste eintreffen, Nudeln gibt es zu ihrem Abschied. Nudeln isst man auch anlässlich des Geburtstags älterer Herrschaften; man nennt sie »Nudeln der Langlebigkeit« und je länger sie ausfallen, desto besser. Der Überlieferung nach hat Marco Polo (1254-1324) bei seiner Rückkehr aus China die chinesischen Nudeln nach Italien mitgebracht, die dort zu den berühmten Spaghetti wurden.

Die Gedanken »Natur und Mensch« sind eins und »Alle Dinge sind für mich geschaffen« gestatten es, aus der Natur alles Essbare auszuwählen. Dieser Brauch, alles auch nur irgendwie Essbare als wertvolles Nahrungsmittel anzusehen und zu verzehren, ist ein Zeichen der Vielfältigkeit der chinesischen Küche. Sie lebt von jahreszeitlichen, aber auch von regionalen Unterschieden. Insgesamt kennt man acht große chinesische Regionalküchen (Sichuan-, Hunan-, Kanton-, Shandong-, Jiangsu-, Anhui-, Fujian- und Zhejiang-Küche). Jede ist für ihre Spezialitäten berühmt, seien es Gerichte aus Fisch und Meeresfrüchten, Mehlspeisen oder eine Vielzahl raffinierter Fleisch- und Gemüsevariationen. Hinzu kommen geschmackliche Vorlieben der jeweiligen Region. So sagt man auch: »Der Osten isst sauer, der Westen isst scharf, der Süden isst süß und der Norden isst salzig.«

Ein weiterer wichtiger Bestandteil der chinesischen Art zu leben ist die Erhaltung der Gesundheit. Einer grundlegenden Überlegung der traditionellen chinesischen Kultur zufolge haben »Medizin und Speisen den gleichen Ursprung«. So enthält der tägliche Speisezettel viel Gesundheit erhaltende »Arzneien«. Er umfasst nicht allein pflanzliche Bestandteile (Blumen, Gräser und wilde Kräuter wie Päonien, Lilien, Chinesische Wolfsbeere, Libosch, Chinesische Engelwurz, Lotuskerne, Samen der Hiobsträne, Rote Datteln, Große Klette, Sellerie und Blätter von Bohnenpflanzen) sondern auch Fleisch einschließlich Fett, Knochen, Blut und Innereien.

Kultur ist das Ergebnis vieler Einflüsse, die im Laufe der Geschichte auf sie wirken. In China haben sich Esskultur und Pflege der Gesundheit über tausende von Jahren entwickelt und sind so fester Bestandteil der Kultur geworden.

Chinesisches Leben im Lauf des Jahreskreises

Die chinesische Kultur, so wie sie sich im Alltag zeigt, hat viel mit der Lehre des Daoismus gemein. Der Daoismus predigt die Schlichtheit aller Dinge. Ein überzeugter Daoist sucht das Leben auf dem Lande im Einklang mit der Natur und widmet sich dem Lesen, Schachspielen, Angeln und dem Wandern durch die Natur. Dies ist das Ziel des Gebildeten. Der einfache Mensch erfreut sich an einer »schönen Landschaft an einem schönen Tag« und »ehelicher Harmonie«. Er passt sich den Jahreszeiten an, wird eins mit der Natur, hat ein harmonisches Verhältnis zu allem auf Erden und würdigt die zwischenmenschlichen Beziehungen.

Da man sich den Jahreszeiten anzupassen hat, muss man die vierundzwanzig Abschnitte des chinesischen Kalenders, die so genannten »jieqi«, beachten. Der chinesische Kalender ist ein Kalender, der das Jahr nach dem Lauf des Mondes einteilt.

Der Legende nach soll er bereits auf den mythischen »Gelben Kaiser« zurückgehen. Streng genommen ist es eine Mischung aus Sonnen- und Mondkalender, da das Mondjahr mit zwölf Phasen nur 354 Tage dauert und ein Abgleich zum Lauf der Jahreszeiten notwendig ist.

Entsprechend den jahreszeitlich bedingten Erscheinungen in der Natur lebt man im Einklang mit ihr. Aus diesem Grund zeugen viele chinesische Bräuche von großer Naturverbundenheit: Im Frühling wandert man ins Grüne, im Sommer bewundert man den Lotus, im Herbst besteigt man Berge, und im Winter erfreut man sich am Schnee. Grünes Gras und frische Blumen wachsen unter einer leichten Brise und an klarem Wasser; rote und gelbe Blätter wirbeln vor dem hohen Himmel und weißen Wolken; reiner Schnee glitzert in der untergehenden Sonne. All diese Bilder verbinden sich zu einem vielfältigen Ganzen. Je nach Jahreszeit schaffen sie eine heitere Stimmung und Gefühle, die die Dichtkunst inspirieren.

Festtage und »jieqi« spielen für die Chinesen eine wichtige Rolle. An den Festtagen ruht man vom aufreibenden Alltag aus und erfreut sich am Leben. Obwohl die Zeremonien – das Opfer für einen Gott oder das Bitten um seinen Segen – an diesen besonderen Tagen sich stets auf das Verhältnis und die Harmonie zwischen Himmel und Erde beziehen, sind die Götter in Wahrheit doch weniger wichtig als der Frieden und die Freude, die der Feiertag bringt.

Das Frühlingsfest ist der wichtigste Festtag im chinesischen Kalender. Die Menschen freuen sich seit dem Winteranfang (*dongzhi*), der in die Zeit vom 21. bis 23. Dezember fällt, darauf. Das Fest beginnt im 12. Monat (*layue*) des chinesischen Mondkalenders. Am 8. Tag dieses Monats isst man einen Brei, der aus verschiedenen Getreidearten, Bohnen und getrockneten Früchten zubereitet wird und eine reiche Ernte symbolisiert.

Am 23. Tag des 12. Monats, am so genannten Kleinen Frühlingsfest (*xiaonian*), opfert man dem Herdgott und seiner

Die chinesischen Tierkreiszeichen.

Frau. Der Herdgott ist eine volkstümliche Gottheit; in einigen Büchern heißt er Su Jili und seine Frau trägt den Namen Wang. Die Opfer für den Herdgott und seine Frau können je nach Wunsch und Wohlstand einer Familie aufwändig oder auch schlicht sein. Sein Bild hängt das ganze Jahr über in der Küche und so kann er die Geschicke der Familie beobachten. Zum Frühlingsfest nimmt man das Bild ab; der Herdgott tritt seine Reise zum Himmelsvater, dem »Jadekaiser«, an. Einige Familien opfern klebrige Malzbonbons, die dem Herdgott den Mund zukleben, so dass er dem »Jadekaiser« nichts Schlechtes berichten kann. Für sein Pferd hält man kaltes Wasser, einen Teller mit Stroh und Futterbohnen bereit. Dann zündet das Familienoberhaupt drei Weihrauchstäbchen an, die den Herdgott und seine Frau aus der finsteren Küche hervorlocken, und verbrennt Papierpuppen des ehrwürdigen Ehepaars in einer Eisenschale. In den tanzenden Flammen steigen beide in den Himmel auf, um dem »Jadekaiser« Bericht zu erstatten. Diese Zeremonie wird sehr ernst genommen

123

und kann nur von einem Mann durchgeführt werden. Die Vorstellung aber, dass eine Gottheit hinters Licht geführt werden soll, lässt doch schmunzeln.

Am nächsten Tag, dem 24. Tag des Monats, findet ein großer Hausputz statt. Damit soll das Alte hinweggefegt und dem Neuen der Weg bereitet werden. An den folgenden beiden Tagen, dem 25. und 26. des Monats, müssen die Fleischspeisen zubereitet

Feiern zum Frühlingsfest am Himmelstempel in Peking.

werden, so dass der Herd während des Frühlingsfestes selbst kalt bleiben kann. Am 27. Tag werden die Huhn- und Fischgerichte zubereitet. Schließlich kommt der 30. Tag im 12. Monat (*nian sanshi*), der letzte Tag des Jahres im chinesischen Kalender. Nach der Tradition begibt man sich in der Nacht zwischen den Jahren nicht zur Ruhe, sondern wartet auf die Ankunft des neuen Jahres; man nennt dies »die letzte Nacht des Jahres durchwachen«. Dann »ziehen sich alle Gottheiten zurück«, nur den Herdgott und seine Frau bittet man zurückzukehren. Sieben Tage und Nächte hatten sie im Himmel verbracht, nun kehren sie auf Geheiß des »Jadekaisers« wieder auf die Erde zurück mit einem Glück verheißenden Segen für die Familie im neuen Jahr.

Das Frühlingsfest endet am 15. Tag des 1. Monats des neuen Jahres (*zhengyue*) mit dem Laternenfest (*dengjie*). An diesem Tag isst man Klebreisklößchen mit süßer Füllung (*yuanxiao*), die die umfassende Einheit symbolisieren. Daher wird das Fest auch »Yuanxiaojie« genannt. Mit Drachen- und Löwentänzen feiert man den Beginn der Feldarbeit. Am Abend werden Laternen in unterschiedlichsten Formen und Farben angezündet, die die große Fertigkeit und die vielfältigen Hoffnungen ihrer Schöpfer ausdrücken. Die Song-Zeit brachte Laternen mit rotierenden Bildern hervor (*zoumadeng*), Vorläufer des heutigen Kinos. Ebenfalls in der Song-Zeit verwendete man zum ersten Mal Schießpulver für das Feuerwerk. Die Ursprünge des Laternenfests liegen in der Zeit von Han Wudi, dem Kaiser Wu (Regierungszeit 140-87 v. Chr.) der Han-Dynastie. Damals opferte man am 15. Tag des 1. Monats nach dem Mondkalender dem Gott der Höchsten Einheit (*taiyi shen*). Die Feierlichkeiten währten die ganze Nacht, Lampions und Fackeln brachten Licht in die Dunkelheit. Mit dem Einzug des Buddhismus in das hanzeitliche China gelangte die indische Zeremonie, in der die Gläubigen sich versammeln, um das von Buddhas Reliquien ausgehende Licht zu verehren, nach China. In der Östlichen Han-Zeit (bzw. der Späteren Han-Zeit, 25-220 n. Chr.) befahl Kaiser Ming (Regierungszeit 58-75), dass in der Nacht des 15. Tages des 1. Monats im Tempel am Hofe »zu Ehren Buddhas die Laternen angezündet« werden. Das Edikt stammt wahrscheinlich aus dem Jahre 67 n. Chr. Andere Kaiser setzten die Tradition des Laternenfestes fort; mittlerweile feiert man es seit mehr als 2000 Jahren. Während die Laternen immer phantasiereicher und bunter wurden, verblassten die buddhistischen Inhalte.

Jeder weitere Monat hat seine eigenen Feiertage: Einige würdigen den Wechsel der Jahreszeiten, an anderen bittet man um göttlichen Segen. An manchen verehrt man die Ahnen, und bei wieder anderen gedenkt man der Geister verstorbener Verwandter. Das Drachenbootfest (*duanwujie*) ist eine Ausnahme: Dieser Tag im Mai ist dem Gedenken an den großen patriotischen Dichter Qu Yuan (340-278 v. Chr.) gewidmet.

Am 15. Tag des 7. Monats des Mondkalenders ist das Fest der Ahnen. Man erweist ihnen Ehre und lädt ihre Geister zu sich nach Hause ein, um in ihrer Nähe zu sein. Wo es Flüsse oder Seen gibt, zünden die Nachfahren Kerzen an und lassen sie schwimmen. Mit aufkommender Dunkelheit treiben dann diese zahllosen »Flusslaternen« auf dem Wasser und mit ihnen das Gedenken an die geliebten Verstorbenen.

Am 15. Tag des folgenden Monats feiert man das Mondfest, auch Mittherbstfest (*zhongqiujie*) genannt. Wer in der Ferne weilt, kehrt nach Hause zurück, um das Fest im Familienkreis zu begehen. Anders als die Zeremonie zu Ehren des Herdgottes liegt die Zeremonie zu Ehren des Mondes in Frauenhand. Man bewundert den vollen Mond, hängt seinen Gedanken nach, kostet aromatischen Tee und edlen Wein, verspeist Mondkuchen (rundes Gebäck, das den Mond symbolisiert) und Krebse und bewundert die Chrysanthemenblüten.

Das Chongyang-Fest wird am 9. Tag des 9. Monats begangen. Traditionell steigt man auf Berge oder Hügel, um das herbstliche Bild zu genießen. Heutzutage werden am Chongyang-Fest auch die Älteren verehrt; so wird das Band zwischen den Generationen gestärkt.

All diese Festtage bringen ein Gleichgewicht zwischen Arbeit und Muße ins Leben: Sie ebnen dem Menschen den Weg zur Natur und wecken sein Interesse für die überkommene Kultur.

Die Kultur manifestiert sich im chinesischen Leben nicht nur in den Festtagen, sondern auch auf vielfältige andere Weise. Sei es beim Spiel der Laute oder beim Schach, bei der Kalligraphie oder der Malerei – nicht die Technik ist entscheidend, sondern das eigene Empfinden. Ziel ist, sich des Seins bewusst zu werden, rechtschaffen zu leben und nach Vollkommenheit zu streben.

Die Tee-Zeremonie kommt ursprünglich aus China; sie ist Ausdruck zivilisierter Lebensart. Zum Spiel der Laute wurde Weihrauch abgebrannt; das drückte Sammlung und Ruhe aus. Beim Malen würdigt man die Natur durch ihr Abbild. Das chinesische Schachspiel ist tiefgründig: Es kommt nicht auf den Sieg an, sondern auf Überlegenheit und Flexibilität angesichts von Veränderungen, darauf, bei Gefahr Ruhe zu bewahren und über Ruhm und Reichtum zu stehen.

Ein fester Bestandteil des Alltags in China ist das Schattenboxen (*Taiqi*). »Mit Ruhe die Bewegung beherrschen« und »Vereinigung von Bewegung und Ruhe« sind zwei seiner Konzepte. Es gehört zur traditionellen Kampfkunst, dem »Kung-Fu«. Ziel der chinesischen Kampfkunst ist die Stärkung von Körper und Geist – von Selbständigkeit und Selbstachtung – und das Schließen von Freundschaften. Die Kampfkunst versteht sich als Weg zur »Vervollkommnung des Charakters«, der Kämpfende will weder anderen Schaden zufügen noch sich mit seinen Fertigkeiten brüsten. Er übt »die rechte Art der Kampfkunst« aus und beherzigt dabei die höchsten Prinzipien dieser Kunst.

Ob bei der Tee-Zeremonie oder in der Kampfkunst – die buddhistischen Einflüsse lassen sich nicht verleugnen. Der Chan-Buddhismus vermag das Geheimnis der östlichen Kulturen vielleicht am besten auszudrücken. Seine geistige Essenz verehrt die Natur, sucht Frieden und Ruhe. Der Chan-Buddhismus prägte die chinesische Geschichte; seine Regeln beeinflussten den

Tablett mit Teegeschirr in einem Teehaus in Peking.

Alltag vieler. Das Unausgesprochene hörbar machen, Ungesagtes verstehen – dies alles erfordert geistige Durchdringung. Chan ist eine in China durch Vermischung mit dem Daoismus und Konfuzianismus entstandene Form des Buddhismus und hat auf die chinesische Philosophie, Kunst und Kultur einen großen Einfluss ausgeübt.

Die chinesische Art zu leben ist hinter einer schlichten Fassade bunt und vielgestaltig; sie pulsiert unter dem Anschein der Ruhe. Diese Art zu leben, mit ihrem Streben nach Natur, Harmonie, Schlichtheit und Wärme, ist die chinesische Kultur, die über Generationen fortlebt und die China so einzigartig macht.

KAPITEL 7

ERRUNGENSCHAFTEN IN LITERATUR UND KUNST

Als Ausdruck einer besonderen Kulturleistung repräsentiert Kunst von Menschen geschaffene Ästhetik. Ein Land wie China mit seiner langen Geschichte und vielfältigen Kultur verfügt natürlich auch über eine hoch entwickelte Kunst und eine ausgeprägte Ästhetik. Man spricht von den »Sechs klassischen Künsten«: Dichtkunst, Tanz, Musik, Malerei, Architektur und Bildhauerkunst. Aus der Dichtkunst haben sich kurze Prosatexte, die Erzählkunst und das Theater entwickelt. China hat in seiner langen Geschichte ungezählte Literaten und Künstler hervorgebracht und in den »Sechs klassischen Künsten« herausragende Werke geschaffen. Zudem befruchtete der Einfluss von Gedanken der chinesischen Philosophie wie »Einheit des Himmels und der Erde« und das Prinzip von »Gegensatz und Ergänzung« die chinesische Kunst mit tiefer Schönheit und reicher Vorstellungskraft. Im Umkehrschluss ermöglichen Studium und Verständnis der chinesischen Kunst das Durchdringen der philosophischen Gedanken, die ihrerseits alle Künste beeinflussen.

Kunst und Literatur

Tanz

Im Jahr 1973 stieß man in steinzeitlichen Gräbern im Dorf Shangsunjia (Kreis Datong, Provinz Qinghai) auf eine Tonschale mit farbigen Tanzdarstellungen. Das Schaleninnere bildet drei

Gruppen tanzender Figuren ab; jede Gruppe besteht aus fünf Figuren, die am Schalenrand Hand in Hand im Kreis tanzen. Dieses frühe Zeugnis ist ein schönes Beispiel dafür, dass vor sieben- bis achttausend Jahren die Menschen der Jungsteinzeit in China ihre Gefühle tänzerisch ausdrückten und dass Tanz Teil des Lebens und der Gemeinschaft war.

In der Shang-Dynastie war der Tanz bereits wichtiger Bestandteil oder sogar Mittelpunkt religiöser Zeremonien. Damals nahm der Tanz bei Hofe seinen Anfang, und die ersten Berufstänzer, die eigens für den Kaiser und den Adel Aufführungen gaben, traten auf. In der Qin- (221-206 v. Chr.) und Han-Zeit (206 v. Chr.-220 n. Chr.) entwickelte sich der höfische Tanz weiter. Tänzerinnen wurden fester Bestandteil des Hofstaats. Sie traten auch bei Zeremonien auf, doch ihre Hauptaufgabe lag in der Unterhaltung des Kaisers. Der Tanz erreichte seinen Höhepunkt in der Tang-Zeit (618-907); noch heute lassen alte Wandmalereien und Bilder den Prunk eines Festes bei Hofe erahnen. Der Tang-Kaiser Xuanzong (Li Longji; Regierungszeit 712-756) verfügte selbst über eine reiche künstlerische Begabung. Sein herausragendes Spiel auf der chinesischen Mundorgel (*sheng*), der Querflöte (*di*), der einer Oboe ähnelnden Flöte (*guan*) und der Bambusflöte (*xiao*) war weithin bekannt. Er war nicht nur Komponist und Dirigent, sondern auch Choreograph. Dank seiner engagierten Förderung standen Gesang und Tanz in der Tang-Zeit in Blüte. Viele tangzeitliche Begriffe aus dem Bereich des Tanzes sind noch heute in Gebrauch. Einflüsse des tangzeitlichen Tanzes gelangten bis nach Korea, Japan und Persien.

In den Südlichen und Nördlichen Dynastien (420-589), also noch vor der Tang-Zeit, galt Gao Su, der Fürst von Lanling der Nördlichen Qi-Dynastie, als tapferer General. Doch mit seinen fast weiblichen Gesichtszügen vermochte er die Gegner auf dem Schlachtfeld nicht zu schrecken. Deshalb ließ er sich aus Pfirsichholz eine brutal und grausam aussehende Maske (*dai mian*) schnitzen, die er bei Angriffen gegen feindliche Stellungen trug.

Später tanzten Masken-
tänzer den Tanz »Der
Fürst von Lanling greift
die feindlichen Stellun-
gen an«, der bald zu ei-
nem Klassiker wurde.
Der Tang-Kaiser Xu-
anzong untersagte die
Aufführung dieses Tan-
zes, um statt dessen den
von Kaiser Taizong (Li
Shimin; Regierungszeit
626-649) komponierten
Kriegstanz mit dem Titel
»Prinz Qins Kavallerie«
zu fördern. Dieser Tanz
gelangte nach Japan und
wurde dort offiziell am
Hof verehrt. Mittlerwei-
le hat dieser klassische
Tanz den Weg in sein
Ursprungsland zurück
gefunden.

Zum chinesischen
Tanz gehören der Tanz
mit und der ohne Waf-
fen. Ersterer ist beson-
ders stilisiert, er hat

Musikantinnen und Tänzerin
spielen vor einem Herrn.
Undatierte Malerei auf einem
Wandschirm.

in seinen verschiedenen Ausprägungen – Säbel-, Schwert- und Stocktanz – viele Meister hervorgebracht. Erwähnungen über diese finden sich schon in den Annalen der Früheren Han-Dynastie (206 v. Chr.-8 n. Chr.) in dem Werk »Geschichte der Han-Dynastie: Annalen des Kaisers Gaozu« (*Hanshu. Gaodi ji*).

Die Tang-Zeit brachte ebenfalls große Meister im Schwerttanz hervor, wie die Dame Gongsun, eine legendäre Schönheit. In »Eine Schülerin der Dame Gongsun beim Tanz mit dem Schwert« berichtet der Dichter Du Fu (712-770), wie eine Schülerin der großen Meisterin einen solchen Schwerttanz darstellt:

Das Schwert glänzt wie neun Sonnen,
Die vom Himmel fallen, abgeschossen von dem alten Krieger Yi;
Die kräftigen Bewegungen ihres Schwerts gleichen den tobenden
Drachenpferden vor den Kutschen der alten Kaiser.
Der Stoß des Schwerts ist wie der Blitz, der den Himmel teilt;
Und dann wird es zurückgezogen und hält inne zur
Verteidigung, als würde die brausende See plötzlich stillstehen.

Es heißt, dass die Schwertmeisterin auch mit Fahnen und Fackeln umzugehen wusste. Die songzeitliche Ballade »Schwerttanz« thematisiert das Können der Meisterin; enthalten sind Szenen wie »Bankett bei Hongmen« und »Die Dame Gongsun tanzt mit dem Schwert«.

Lange fließende Ärmel und lange Satinbänder führten ebenfalls zu einzigartigen Ausprägungen des Tanzes. Die Wendung »Lange Ärmel verleihen dem Tanz Grazie« ist eine treffende Beschreibung für diese seit tausenden von Jahren überlieferte Form. Angeblich umfasste der Tanz des berühmten Meisters der Peking-Oper Mei Lanfang (1894-1961) mit so genannten »Wasserärmeln« nahezu 100 Bewegungen, die unterschiedliche Gemütszustände und Stimmungen darstellten.

In der schlichteren Volkskunst werden beim Tanz unterschiedliche Gerätschaften geschwungen, solche aus der

Landwirtschaft wie Sensen, Äxte und Hacken, und solche aus dem täglichen Gebrauch wie Schirme, Strohhüte und Tücher. Dies ließ eine Vielfalt von Tänzen entstehen. Ohne das Schwenken von Taschentüchern wäre beispielsweise der bäuerliche »Yangge-Tanz«, wie der im Nordosten Chinas noch heute gepflegt wird, nicht zu denken. Den Volkstanzkulturen anderer chinesischer Regionen ist dieses Element demgegenüber fremd.

In China gibt es viele regionale Volkstänze: der »Löwentanz« in den Provinzen Hebei und Guangdong, der sich in eine nördliche und eine südliche Schule teilt, der »Teeernte-Tanz« in Yunnan, der »Blumentrommel-Lampen-Tanz« im Nordosten, der imposante »Gong- und Trommel-Tanz« in Shaanxi und Shanxi sowie der »Trommeltanz«, den die Frauen in Peking pflegen. In Xinjiang, Tibet, der Inneren Mongolei und in den Gebieten im Südwesten, Nordosten und Nordwesten pflegen ethnische Minoritäten ihre eigenen unverwechselbaren Tänze. Viele chinesische Tanzgruppen wurden in der ganzen Welt mit zahlreichen Preisen für ihre Darbietungen ausgezeichnet.

Musik

Als Archäologen die Ruinen eines 6000 Jahre alten Jiang-Dorfs freilegten, fanden sie unter den Überresten drei eiförmige Blasinstrumente aus Ton, auf denen man sechs unterschiedliche Töne spielen kann. Zuvor war man der Auffassung gewesen, die chinesische Tonleiter umfasse nur fünf Töne: »gong«, »shang«, »jue«, »zhi« und »yu«, die den Tönen »do«, »re«, »mi«, »so«, »la« entsprechen. Dieser geheimnisvolle Fund widerlegte die herkömmliche Theorie und bewies, dass die chinesische Musik vor 6000 Jahren mindestens sechs Töne hatte; einer dieser Töne war ein Halbton.

Vollkommen erhaltene Bronzeglockenspiele aus der »Zeit der Streitenden Reiche« wurden in der Provinz Hubei freigelegt. Auf

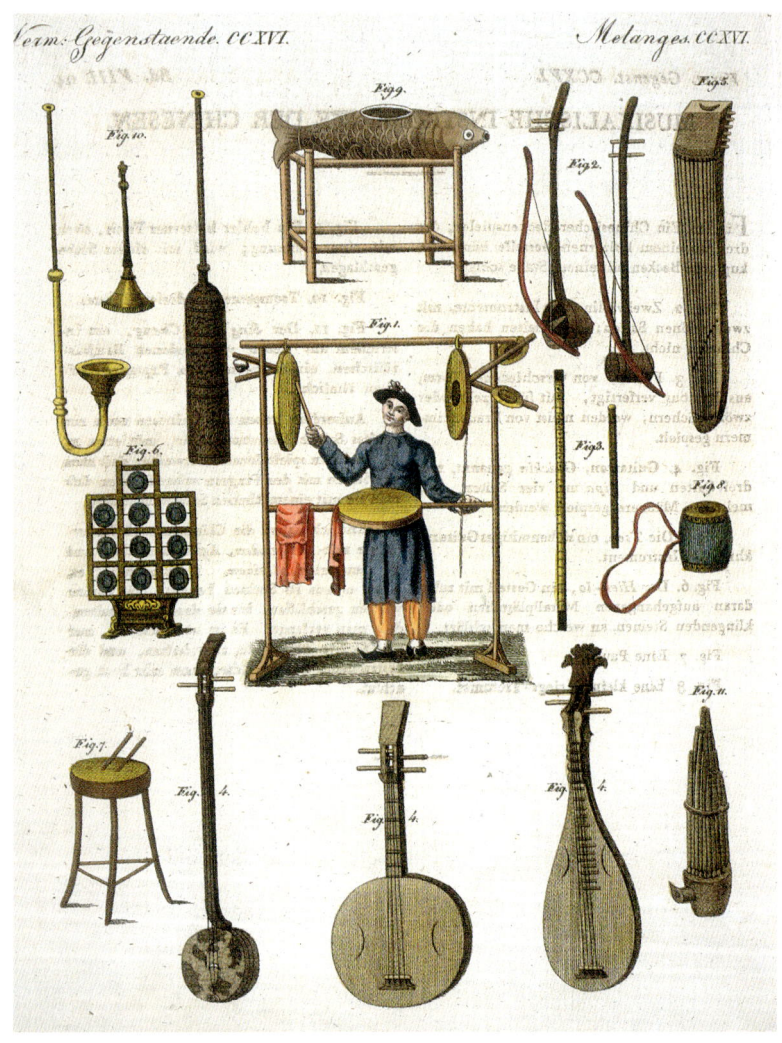

Chinesische Musikinstrumente.

ihnen kann man sogar Kompositionen von Beethoven spielen.
Die große Steintrommel, die die Yin-Ruinen (13.-11. Jh. v. Chr.)
in Anyang (Provinz Henan) freigaben, bestach durch ihren kla-
ren musikalischen Ton und ihren melodischen vollen Klang. Die
Geschichte »Vorgetäuschtes Spiel auf der ›yu‹« – einem alten

Instrument mit 36 Pfeifen – beschreibt eine Vorführung in der »Frühlings- und Herbstperiode« mit hunderten von Musikern. Die Glockenspiele aus der »Zeit der Streitenden Reiche« beweisen, dass die Zwölf-Ton-Tonleiter, eingeschlossen die Halbtöne, in China schon vor zweitausend Jahren bekannt war. In der Han-Dynastie (206 v. Chr.-220 n. Chr.) waren nicht nur die Musikinstrumente der Han-Chinesen verbreitet, wie das Glockenspiel (*zhong*), die Trommel (*gu*), Flöten (*xiao, di*), die Mundorgel (*sheng*), die »yu« und verschiedene Zithern (*zheng, qin, se*); selbst die eher exotischen Instrumente der ethnischen Minoritäten hielten Einzug in das chinesische Kerngebiet, wie die Harfe (*konghou*), die viersaitige Laute (*pipa*), die Instrumente »fangxiang«, »yunban«, »ruanqin«, »tongbo«, »xiegu« und »yunluo« sowie die Geige (*huqin*). All diese Instrumente wurden in Orchestern gespielt und entwickelten sich zu Volksinstrumenten.

Zu den »Sechs Künsten«, in denen Konfuzius (551-478 v. Chr.) selbst ein Meister war, gehörte die Musik. Sie war für ihn ein wichtiger Bestandteil der Erziehung. Musik kann die Schüler anregen, sich moralisch zu vervollkommnen, ihr Temperament zu zügeln und zu einer in sich ruhenden Persönlichkeit zu werden. Dieses pädagogische Konzept, das Musik, moralische Anleitung und Ästhetik miteinander vereint, inspiriert selbst die moderne Pädagogik.

Jing Ke (?-227 v. Chr.), berühmt für seinen in der »Zeit der Streitenden Reiche« verübten Anschlag auf König Yingzheng von Qin (den späteren ersten Qin-Kaiser; Regierungszeit 246-210 v. Chr.) war ein enger Freund von Gao Jianli aus dem Königreich Yan. Gao spielte meisterhaft die »zhu«, eine Art Laute, die mit einem Holzstab angeschlagen wurde. So schön war sein Spiel, dass Jing Kes Schwerttanz zur Vollendung gelangte. Gao Jianli beschloss, ihn zu rächen. König Yingzheng wusste, dass auch Gao seinen Tod wollte, doch konnte er nicht auf sein Lautenspiel verzichten. So ließ er Gao beide Augen ausstechen und befahl ihm, am Hofe für ihn zu spielen. Gao schüttete heimlich Blei in seine Laute – sein Spiel für den König sollte wie tödliches Gift wirken. Doch der Versuch missglückte und Gao wurde umgebracht. Dies ist eine Geschichte von Freundschaft, Loyalität, Vergeltung und Tragik: Sie erzählt von Jing Kes aus Loyalität zu seinem Land verübten Anschlag und von Gaos aus Freundschaft zu Jing Ke geplanter Vergeltung. Ebenso wichtig sind die Gefühle Yingzhengs, der trotz der erkannten Gefahr für sein Leben nicht auf Gaos Spiel verzichten wollte. Diese Geschichte von Tragik, Mut, Loyalität und Edelmut, durchzogen von den eleganten, klassischen Melodien der Laute, hat Generationen von Künstlern inspiriert. Heutzutage liegt sie Bühnenstücken und Filmen zugrunde.

Das Stück »Mondlicht in der zweiten Quelle unter dem Himmel« für die zweisaitige Kniegeige (*erhu*) des blinden südchinesischen Volkskünstlers Hua Yanjun – auch »der blinde A Bing« genannt – gilt als bestes Instrumentalstück des modernen China. Von dem japanischen Dirigenten Seiji Ozawa (geb. 1935 in Shenyang), einem der größten Dirigenten unserer Zeit, ist bekannt, dass er, wenn er dieses Stück hört, »zu Tränen gerührt ist«.

Wie bereits erwähnt, war der Tang-Kaiser Xuanzong ein großer Freund und Förderer der Künste. Er ließ zehntausende Musiker und Tänzer gemeinsam auftreten und leitete die Aufführungen selbst. Nach der Song- (960-1279) und Yuan-Dynastie (1280-1367) entwickelte sich eine Mischform, die Musik, Gesang, und Theater miteinander verband. Die Yuan-Zeit unterteilte die Musik in »Musik aus dem Norden« und »Musik aus dem Süden«. In der Ming-Dynastie (1368-1644) entstand die älteste Form der chinesischen Oper, die »Kun-Oper«; die Qing-Dynastie (1644-1911) brachte die Peking-Oper hervor, die ihrerseits viele Kunstrichtungen vereinte. Diese beiden Opern-Formen sowie viele weitere regionale Opernformen sind Schätze der chinesischen Musik und finden weltweit Anerkennung.

Malerei

Die chinesische Malerei umfasst Theorien, Techniken und Stile, die weltweit einzigartig sind; sie hat zahllose Meisterwerke hervorgebracht, die in der Welt ihresgleichen suchen. Bemalte Keramikfunde der Yangshao-Kultur (5000-3000 v. Chr.) in Nordchina und der Majiayao-Kultur (3200-2000 v. Chr.) in der Provinz Qinghai sind Zeugnisse dafür, dass die Malerei in China in der Jungsteinzeit weit entwickelt war. Die Tonwaren sind mit vielerlei Tierzeichnungen von zappelnden Fischen, rennenden Hunden, hüpfenden Fröschen und krabbelnden Eidechsen verziert. Diese Tierzeichnungen wurden nach und nach durch

Bootsverkehr auf dem Gelben Fluss bei Kaifeng. Ausschnitt aus der Bildrolle »Fahrt flussaufwärts zum Frühlingsfest« aus der Song-Dynastie (um 1100).

abstrakte geometrische Striche ersetzt, die später zu fließenden Linien wurden – Kurven, Geraden, Wellen und Zickzacklinien. Sie zeigen eine Entwicklung der Kunst von realistischen Zeichnungen zu freier Pinselführung und weiter zu geometrischen Formen und schlichten Linien.

Alte Felsmalereien und die Entdeckung der Hongshan-Kultur (4000-3500 v. Chr.) in Nordostchina verdeutlichen, dass die Chinesen schon damals mit Bildern ihre Phantasien und Gedanken ausdrückten. Die über 2000 Jahre alten farbigen Seidenmalereien, die man im Mawangdui-Grab in Changsha ausgegraben hat, sind sowohl in der Darstellung der Personen, der Bildkomposition und der Farbwahl von unerhörter Schöpfungskraft. Die hanzeitliche Malerei besticht durch deutliche, schlichte Linien und phantasievolle Inhalte; sie übte starken Einfluss auf die Malkunst späterer Dynastien aus. Die Malereien der Wei- (220-265) und Jin-Zeit (265-420) hatten vornehmlich buddhistische Inhalte. In der Tang-Zeit (618-907) erreichte die Malkunst bei der Personen- und

Das Rollbild von Wang Hui (1632-1717) trägt den Titel »Reise von Kaiser Kangxi«.

Landschaftsdarstellung ein noch höheres Niveau. Die Bildrollen mit den Titeln »Sich über tausend Li erstreckende Flüsse und Berge« (*Qian li jiang shan tu*) und »Flussufer-Szenen am Qingming-Fest« (*Qingming shang he tu*) aus der Tang- und Song-Dynastie bilden die Schönheit chinesischer Landschaft und das pulsierende Leben der Städte und Gemeinden ab.

Während der Yuan-, Ming- und Qing-Dynastie war die »Literatenmalerei« besonders beliebt. Sie lebt von der Ungebundenheit des Geists ihrer Schöpfer und erreicht eine nie da gewesene Tiefe, Leichtigkeit und Eleganz. Zu den berühmtesten Malern der chinesischen Vergangenheit gehören Gu Kaizhi (345-406), Yan Liben (ca. 600-674), Wu Daozi (Tang-Zeit), Li Sixun (653-718), Guo Xi und Zhang Zeduan (beide Nördliche Song-Zeit), Zhao Ji (Kaiser Huizong; 1082-1135), Shen Zhou (1427-1509), Bada Shanren (Zhu Da; 1626-1705), Xu Wie (Xu Wenchang, 1521-1593), Zheng Xie (Zheng Banqiao; 1693-1765) sowie die modernen Maler Zhang Daqian (1899-1983), Qi Baishi (1861-1957) und Xu Beihong (1895-1953).

Unzählige Bildrollen gehören zu den Schätzen des Pekinger Palastmuseums und des Palastmuseums in Taipei sowie zahlreicher Provinzmuseen; viele wertvolle Bildrollen und Kalligraphien sind im Besitz öffentlicher und privater Sammlungen der westlichen Welt.

Die chinesische Kunst ist reich an tiefen Gedanken und starker Vorstellungskraft. Sie gestattet dem Betrachter die Freude an der künstlerischen Mitgestaltung durch das gedankliche Ausfüllen der freien Flächen. Die chinesische Malerei legt großen Wert auf die Genauigkeit des Pinselstrichs und strebt nach Lebendigkeit und Bewegung. Die Vereinigung der Malerei mit der Dichtkunst, der Kalligraphie und der Siegelkunst ist einzigartig auf der Welt.

Zusammen mit den japanischen Farbholzschnitten formt die chinesische Tuschemalerei die Hauptströmung der östlichen Malkunst.

Architektur

Aus östlicher Perspektive gesehen, zeichnet sich die westliche Architektur insbesondere durch hohe, einzeln stehende Bauwerke aus. Dies erklärt sich aus dem Einfluss religiösen Gedankenguts auf die Baukunst. Hohe Gebäude symbolisieren die Verehrung der Menschen für die Gottheiten im Himmel bzw. das Sehnen nach einer Vereinigung mit ihnen. Die prachtvollen Paläste und Hochhäuser sind Abbild westlicher Ästhetik und baulichen Könnens.

Die alten chinesischen Konzepte von der »Einheit von Himmel und Menschen« und vom »runden Himmel« und

Eine Ansicht des Sommerpalasts in Peking aus dem 18. Jahrhundert.

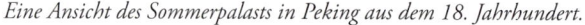

Das Hängende Kloster von Hengshan wurde im 6. Jahrhundert gegründet.

der »quadratischen Erde« fanden Eingang in die Ästhetik der chinesischen Architektur. Entwürfe von Gebäuden, die von chinesischen Architekten stammen, beinhalten auch heute oft Konzepte dieser speziellen Harmonie zwischen Gebäuden, der Umgebung und dem Horizont. Sie nutzen die Gestalt und die Anordnung der Gebäude, die in unauflösbarer Beziehung zu ihrer Funktion stehen, um einen künstlerischen Gesamteindruck zu schaffen, sei er ausladend, pompös, mystisch, imposant oder schwerelos. Die chinesische Architektur hat viele Ideen der chinesischen Malerei aufgenommen und zahlreiche Stilarten hervorgebracht.

Tempel und religiöse Bau-
werke wie das »Hängende
Kloster« in Datong (Provinz
Shanxi), der »Himmelstem-
pel« in Peking und die hölzerne »Shakya-Pagode« im
Kreis Yingxian südlich von
Datong rufen eine mysti-
sche Stimmung hervor und
dienen der Verbreitung des
Glaubens. Neben dem Kai-
serpalast, der so genannten
»Verbotenen Stadt«, sind
die »Kaiserlichen Gärten«
in Peking zweifellos Meisterwerke der Architektur.
Der »Alte Sommerpalast«
(*Yuanmingyuan*) in Pekings
Nordosten wurde jedoch
von den alliierten britischen
und französischen Truppen
im Jahr 1860 stark zerstört.
Der heute vielbesuchte
»Sommerpalast« (*Yiheyuan*)
im Nordosten Pekings
war ursprünglich nur ein
schlichter Teil des »Alten
Sommerpalastes«; doch al-
lein die schöne Gesamtanla-
ge, der lange »Wandelgang«

*Pagode der glasierten Ziegel
in Peking.*

und der »Park der Harmonie und des Vergnügens« – ein Garten im Garten – sind beeindruckend. Aus der Luft gesehen wirken der »Kunming-See« und der »Berg der Langlebigkeit« angeordnet wie die miteinander verschlungenen und sich ergänzenden Symbole »Yin und Yang«.

Die alten Privatgärten in Suzhou wiederum sind ganz anders: Diese kleinen Anlagen haben einen höheren Sinn, in ihrer Begrenztheit drücken sie Grenzenlosigkeit aus. Man meint, jeder von ihnen sei ein Gedicht oder ein Roman mit unendlich vielen Bedeutungen.

Und dann gibt es noch die »Große Mauer«. Eins ist sie nicht: einfach eine lange Mauer, die sich auf den nordchinesischen Bergrücken entlang zieht. Ihre Anfänge liegen bereits in der »Zeit der Streitenden Reiche«. In der Qin-Dynastie verband man die von den Königreichen Qin, Zhao und Yan errichteten Teile miteinander. In den mehr als 1000 Jahren von der Han-Zeit bis zur Ming-Zeit wurde der Bau stets fortgesetzt. Die »Große Mauer« selbst ist Stein gewordene Geschichte. Sie ist Symbol des Charakters und des Geistes Chinas.

Bildhauerei

Die archäologischen Funde der Shang- (16.-11. Jh. v. Chr.) und Zhou-Zeit (11. Jh.-256 v. Chr.) zeigen, dass viele Gebrauchsgegenstände gleichsam Skulpturen waren; Ähnliches gilt für die aparten reliefartigen Muster auf den zhouzeitlichen Bronzegefäßen. Die bildhauerischen Fähigkeiten zur Zeit der Qin, Han, Wei, Jin, Tang und Song sind noch beachtlicher. Die Terrakotta-Armee in der Grabanlage des ersten Qin-Kaisers (Regierungszeit 246-210 v. Chr.) nahe dem heutigen Xi'an wird als »Achtes Weltwunder« bezeichnet. Ihre großzügige Anordnung und die feinen und lebendigen Gesichtszüge der Krieger werden in der ganzen Welt bewundert.

Die Anzahl von Buddhastatuen, Arhats, Bodhisattvas, Gottheiten und Dämonen ist unerschöpflich. In den Grotten von Yungang, Longmen, Maijishan und Dunhuang findet man Buddhastatuen aus der Zeit vor der Qin-Dynastie (221-206 v. Chr.) bis zur Nördlichen Wei-Dynastie (386-534). Ihre Schönheit nimmt auch den heutigen Betrachter gefangen. In der Song-Zeit (960-1279) begann man, buddhistische Skulpturen nicht mehr aus Lehm und Stein, sondern aus Holz, Bronze, Jade und Eisen herzustellen. Die große stehende Guanyin (ein im Volksglauben auch als Gottheit verehrter weiblicher Bodhisattva) aus Bronze und die Buddhas im Longxing-Tempel in Zhending (Provinz Hebei) umgibt eine großartige Aura. In Felswände gehauene buddhistische Statuen wie die 75 Meter große Buddha-Statue in Leshan (Provinz Sichuan; ihre Bauzeit betrug 90 Jahre), die Steinfiguren in Dazu (Stadt Chongqing) und viele andere Werke werden von Bildhauern aus aller Welt bestaunt.

Zu den Werken der alten chinesischen Bildhauerkunst gehören neben denen mit religiöser Thematik und solchen, die die Kaiser ins Jenseits begleiten sollten, auch Werke, die sich mit dem Alltag beschäftigten. Die verschiedenen Fundstätten geben Figurinen in unterschiedlichen Stilformen frei, beispielsweise von Operndarstellern und Personen von unterschiedlichem gesellschaftlichen Stand. Die Figuren aus Sanxingdui (Provinz Sichuan) zeigen Tanzpositionen, die Gewänder haben lange Ärmel und der Ausdruck, den sie tragen, ist lebendig und einzigartig. Bei einer riesigen Büste springen die Pupillen mehr als 60 Zentimeter aus den Augenhöhlen hervor. Was dies zu bedeuten hatte, ist ebenso offen wie die soziale Stellung des Abgebildeten. Möglicherweise ist es die Darstellung des legendären Huo Qubing (140-117 v. Chr.), eines jungen heldenhaften Generals der Westlichen Han-Zeit, der mit nur 29 Jahren starb und in

Die Buddha-Statue von Leshan (Provinz Sichuan).

der Provinz Shaanxi nahe der Stadt Xi'an begraben wurde. Die Bildhauerei in Stein vor seinem Grab sucht ihresgleichen.

Tierdarstellungen waren ebenso beliebt: Man findet Ochsen, Pferde, Hunde, Schweine, Bären, Tiger und Löwen. Alte Steinlöwen und andere Tierfiguren aus Stein, die man heute noch überall findet, zeigen, das die Städte mit Skulpturen reich geschmückt waren. Man sagt, die Steinlöwen auf der »Marco-Polo-Brücke« (*Luguo qiao*) im Süden Pekings seien ungezählt, damit meint man zum einen ihre große Zahl, zum anderen die Erlesenheit der Bildhauerei. Auch die »Neun-Drachen-Wand« im Pekinger »Beihai-Park«, nördlich an den Kaiserpalast angrenzend, ist von einzigartigem Ausdruck: Sie wurde im Jahr 1756 errichtet und zeigt ein Relief bestehend aus glasierten Keramikkacheln in türkisblauer Farbe.

Poesie und Prosa, Roman und Theater

Die Ursprünge der chinesischen Dichtkunst liegen weit zurück. Bei der Arbeit gesungene Lieder, Gebete bei religiösen Zeremonien und Liebeslieder wurden sowohl gesungen als auch gesprochen; schließlich wurden sie als Gedichte aufgeschrieben. Die alten Mythen und Legenden sind gleichsam die frühesten Annalen und die älteste Dichtung – sie sind der Ursprung der chinesischen Literatur.

Die Zahl chinesischer Gedichte und Dichter wird weltweit schwerlich übertroffen. Die philosophischen Gedanken, die ästhetischen Ansichten sowie die einzigartige Denkweise, wie sie sich in der Dichtkunst offenbart, finden nicht nur wissenschaftliche Bewunderung. Ausgefeilte Wortwahl und Satzkonstruktion suchen weltweit ihresgleichen.

Rauch steigt in der Wüstenluft gerade empor,
Die runde Abendsonne steht am Horizont über dem Fluss.

148

Diese Zeilen eines Wang Wei (701?-761) sind ein Beispiel für einen schlichten und ausdrucksvollen Stil. Die beiden Sätze mit jeweils fünf Zeichen stehen sich nicht nur antithetisch gegenüber, geschickt ist auch die Wortwahl: »rund« und »gerade« sind reich an Bedeutung und haben viele syntaktische Funktionen. Die Zeilen beschreiben eine Landschaft und lassen ein lebendiges Bild entstehen. Damit rufen sie zugleich ein Gefühl der Tiefe, Einsamkeit und Größe hervor.

Das »Buch der Lieder« (*Shijing*) ist die erste schriftlich niedergelegte Gedichtsammlung. Sie gehört zu den »Fünf Klassikern«, die laut Zuschreibung von Konfuzius (551-479 v. Chr.) zusammengestellt worden sind. Die Sammlung enthält Werke, die über tausende von Jahren überliefert sind und umfasst drei Versgattungen: »Volkslieder« (*feng*), »Hoflieder« (*ya*) und »Opferlieder« (*song*). Die Sammlung umfasst 305 Texte und beginnt mit einem Liebeslied:

Guan, guan, schreit der Fischadler,
Auf der Insel im Fluss;
Lieblich ist diese edle Frau,
Eine gute Braut für unseren Herrn.

Diese vier kurzen Zeilen enthalten alle Elemente der Literatur: Zeit, Ort, Personen, Plot, Gefühl und Atmosphäre, Satzbau und Reim. Außerdem zeichnen sie ein romantisches Bild. Daraus, dass Konfuzius die Sammlung mit diesem anrührenden Liebeslied beginnen ließ, dürfen wir schließen, dass er der Auffassung war, Gedichte sollten die aufrichtigsten und einfachsten Gefühle ausdrücken. Er schien an echte Liebe zu glauben.

Auf das »Buch der Lieder« folgen die »Elegien von Chu« (*Chuci*). Die Sammlung aus der »Zeit der Streitenden Reiche« hat in ihrer Gesamtheit eine uneindeutige Herkunft. Lange Zeit wurde davon ausgegangen, sie gehe auf den Dichter Qu Yuan (343?-290 v. Chr.) und seine Schule zurück, heute weiß man, dass nur einzelne Texte von ihm stammen. Qu Yuan hatte eine ungemein reiche Vorstellungskraft, die von den Wolken am Himmel bis zur Hölle reichte; manchmal war er himmelhoch jauchzend, manchmal zu Tode betrübt; gestern sprach er mit den Göttern, heute unterhielt er sich mit den Ahnen. Er senkte sein Haupt und befragte die Erde, er erhob seinen Blick und fragte den Wind. Viele seiner Gedichte beschäftigen sich mit der Frage von Leben und Tod, den grundlegendsten Themen der Philosophie. Noch vor Dante in der »Göttlichen Komödie« und viel früher als Shakespeare im »Hamlet« setzte Qu Yuan sich literarisch damit auseinander.

Die wild arrangierten Gedanken und Gedichte in den »Elegien von Chu« mit ihren romantischen Vorstellungen und Beschreibungen von Himmel, Erde und Hölle, mit Qu Yuans »dreidimensionaler« Untersuchung und Beschreibung menschlichen Lebens und schließlich seiner Leidenschaft für Land und Volk – dies alles vermittelt ein Bild von der lebendigen, vielfältigen Kultur im Reiche Chu. Qu Yuans Werk beeinfusste die spätere chinesische Dichtkunst maßgeblich.

Den »Elegien von Chu« folgten die auf die Han-Zeit zurückgehenden Musikamtslieder (*yuefu*), Gedichte in Form von Balladen. Viele der lebendigen, schlichten Gedichte erfreuen sich auch noch heute großer Beliebtheit. »Ein Pfau flog nach Südosten« (*Kongque dongnan fei*) bzw. »Ein Gedicht im Alten Stil für Jiao Zhongqings Ehefrau« (*Gu shi wei Jiao Zhongqing qi zuo*) ist eine tragische Liebesgeschichte, die auch noch heute gelesen wird.

In der Wei- (220-265) und Jin-Zeit (265-420) und in den Südlichen und Nördlichen Dynastien (420-589) erfreute sich die Dichtkunst besonderer Beliebtheit. Der Kanzler und Kriegsherr der ausgehenden Han-Zeit Cao Cao (155-220) und seine beiden Söhne Cao Pi (187-226; Begründer und Kaiser der Wei-Dynastie) und Cao Zhi (192-232) waren alle drei große Dichter. Verse wie die nachstehenden von Cao Cao sind in der chinesischen Literatur immer noch von Bedeutung:

Wie ein betagtes Pferd im Stall davon träumt,
Weiter tausend Li zu laufen,
So hat ein Held auch im hohen Alter
Noch hehre Ziele.

Dies gilt auch für das Gedicht:

Die Bohne weint im heißen Topf,
Darunter heiß der Bohnenstengel brennt:
Warum hast Du es so eilig, mich zu opfern?

Dieses Gedicht soll Cao Zhi komponiert haben, während er sieben Schritte tat. Die Nachwelt hat diese Zeilen oft zitiert, um Gedanken eines Gemüts voller Gefühle auszudrücken und die Hoffnung, dass sich ein Brudermord abwenden lasse: Cao Pi hatte nämlich von seinem Bruder verlangt, dass Cao Zhi innerhalb von sieben Schritten ein Gedicht mit je fünf Zeichen pro Zeile verfasste. Gelänge ihm das nicht, sollte er geköpft werden.

Balladen waren damals ebenfalls sehr verbreitet und erreichten hohe künstlerische Qualität: »Die Ballade von Mulan« (*Mulan shi*) ist fast jedem Chinesen bekannt. Das »Lied der Chi-le« (*Chi-le ge*) der Xianbei, einer ethnischen Minderheit im alten China, spiegelt kraftvoll, schlicht und klar das Leben eines Nomadenvolks wider. Epen spielten ebenfalls eine große Rolle. In jüngster Zeit wurden drei bedeutende Epen aus dem Kulturschatz der Nationalen Minderheiten neu herausgegeben, darunter das über 1000 Jahre alte tibetische Heldenepos »Die Legende von König Gesar« (*Gesar Wang*). Mit 1,1 Millionen Zeilen ist es das längste Epos der Welt.

In der Tang-Zeit (618-907) entwickelte sich das »Gedicht im Neueren Stil« (*jintishi*) oder »Regelgedicht« (*lüshi*). Die Tang-Gedichte sind das farbigste und bedeutendste Kapitel der chinesischen Literaturgeschichte. Die dichterische Schöpfungskraft der großen Dichter der Tang-Zeit wie Li Bai (Li Bo; 701-792),

Du Fu (172-770), Bai Juyi (772-846) und zahlreicher anderer Dichter ist bis heute überliefert. Sie hoben die chinesische Sprache und ihre Schrift auf neue Höhen – ihre Werke aber sind Erbe der ganzen Menschheit.

Nach den Tang-Gedichten entstand die so genannte »ci«-Dichtung der Song-Zeit (960-1279), Liedtexte zu feststehenden Melodien. Bemerkenswert war die Begabung der damaligen Dichter, lange und kurze Sätze einander abwechseln zu lassen. Die leidenschaftlichen und traurigen Gedichte von Su Shi (Su Dongpo; 1036-1101), Xin Qiji (1140-1207), Lu You (1125-1210), Wang Anshi (1021-1086), Li Qingzhao (1084-ca. 1151) und Li Yu (937-978), dem letzten Herrscher der bereits von den Song abgelösten Tang-Dynastie, berühren die Menschen auch noch nach 1000 Jahren. In der Yuan-Dynastie (1280-1367) änderte sich der Stil der Gedichte, es entstanden lyrisch freie Arien (*sanqu*). Die Arien von Ma Zhiyuan (1260?-1334?), Bai Pu (1227-1306) und anderen sind kunstvoll und sanft. Die Arie »Herbstgedanken« (*Qiusi*) von Ma Zhiyuan kennt in China nahezu jedermann:

Welke Reben, alte Bäume, Krähen in der Dämmerung,
Kleine Brücke, fließendes Wasser, Hütten,
Eine alte Straße, eine Mähre im Westwind,
Abendsonne sinkt im Westen,
Einer mit gebrochenem Herzen an den Klippen des Himmels.

Beginnend mit dem »Buch der Lieder« (*Shijing*) strebte die Dichtkunst in China nach künstlerischem Gehalt und Reimschema. Viele Werke vereinen die Schönheit von Bildern mit der von Musik; ihre Leidenschaft nimmt den Leser gefangen, das nicht Ausgesprochene, im Ungefähren bleibende lässt ihn lange nachsinnen. Die Worte sind mit Bedacht gewählt, die Verse kunstvoll aufgebaut. Noch mehr überrascht, dass den chinesischen Gedichten schon vor der Geburt des Films – die auf den 28. Dezember 1895 fällt – das Konzept der Filmkunst ähnelte: Die Verbindung mehrerer mit Tönen unterlegter Bilder in einer Montage, in der Gefühl und Szenerie im Austausch miteinander stehen und konkrete oder nur unscharf umrissene Stimmungen hervorgerufen werden. Ein Beispiel ist das Gedicht »Nächtliches Anlegen an der Ahorn-Brücke« (*Fengqiao ye bo*) des tangzeitlichen Dichters Zhang Ji. Es ist gleichsam eine Filmszene, die mit Geräuschen und Bildern bestimmte Gefühle hervorruft. Das Gedicht zeigt die Schönheit der chinesischen Dichtung, die mit Hilfe der Beschreibung der Natur Gefühle ausdrückt:

Der Mond versinkt, die Krähe ruft, und Reif bedeckt die Welt,
Der Ahorn schwankt im Licht der Fischer,
die Glocke wach mich hält,
Des Hanshan-Tempels Glocke, vom Berg sie zu mir dringt,
In mein Boot zur Mitternacht sie klingt.

Prosatexte sind gleichsam Lyrik ohne Reim. Die Prosa der Qin- (221-206 v. Chr.) und Han-Zeit (206 v. Chr.-220 n. Chr.) befasste sich vor allem mit Geschichte und Philosophie. Die Texte vor-qinzeitlicher Denkschulen und Annalen sind herausragende Prosawerke. Der freie Lauf der Gedanken, die lebendige Feder und die Schönheit der Sprache geben ihnen einen bedeutenden Platz in der Literaturgeschichte. Andere Merkmale wie die Exaktheit eines Han Feizi (gestorben 233 v. Chr.) und die Gewandtheit eines Xunzi (ca. 300-230 v. Chr.) zeugen von der großen Fertigkeit der Autoren. Die »Aufzeichnungen der Historiker« (*Shiji*) von Sima Qian (ca. 145-90 v. Chr.) gelten als das herausragende Werk der Han-Zeit, das die chinesische Literatur maßgeblich beeinflusst hat. Seine Texte fanden nicht nur die Anerkennung späterer Generationen, sondern wurden auch von späteren Romanschriftstellern und Autoren von Prosaliteratur gelobt. Ein anderer berühmter hanzeitlicher Autor ist Sima Xiangru (gestorben 117 v. Chr.); so erklärt sich das alte

Sprichwort »Zwei Simas schufen herausragende Werke der Han-Dynastie.« Die Wei- (220-265) und Jin-Zeit (265-420) brachten Prosa im »Parallelstil« (*piantiwen*) hervor; man legte großen Wert auf schönen Ausdruck und symmetrischen Satzbau. Leidet dieser Stil auch ein wenig unter strengem Formalismus, sind viele Schöpfungen jener Zeit doch Meisterwerke der Literatur. Das »Vorwort zum Gedicht über den Pavillon des Prinzen Teng« (*Teng Wang ge xu*) des tangzeitlichen Wang Bo (ca. 650-676) ist das gelungenste Beispiel für Prosa im Parallelstil in den Sechs Dynastien:

Das Abendlicht fliegt mit der einsamen Wildente am Horizont,
Die herbstlichen Wasser des Yangtze unweit des Pavillons sind
von gleicher Farbe wie der endlose Himmel in der Dämmerung.

In der Tang-Zeit (618-907) begannen Han Yu (768-824) und Liu Zongyuan (773-819) die so genannte »Guwen-Bewegung«, die den manierierten und prächtigen Stil auf einen natürlichen und schlichten Stil zurückführte. Literaten wie Ouyang Xiu (1017-1072) in der Song-Dynastie förderten diese Bewegung, die einen Wandel in der Literatur bewirkte und eine große Rolle für die Entwicklung der chinesischen Prosaliteratur spielte. Die »Acht Meister der Prosa« der Tang- und Song-Zeit und später die Meister der Ming- und Qing-Zeit hinterließen eine große Anzahl berühmter Werke.

Im Westen haben der Roman und das Theater ihren Ursprung in den Epen. In China stammt der Roman von den »Textbüchern« (*huaben*) der Erzähler, die auf Märkten und in Teehäusern auftraten. Auf sie dürfte das Realistische und Lehrstückhafte des chinesischen Romans im Wesentlichen zurückzuführen sein. Die Tang-Novellen und die Textbücher der Geschichtenerzähler sind Vorformen von Erzählung und Roman. In der Ming- (1368-1644) und Qing-Dynastie (1644-1911) gelangte der klassische chinesische Roman zur vollen Reife. Die umgangssprachlichen

Erzählungen in Sammlungen haben große Wirkung hinterlassen. Dazu zählen die »Sanyan-Trilogie« (sie besteht aus »Drei Sammlungen von Kurzgeschichten«, namentlich »Geschichten zur Erleuchtung der Welt«, »Geschichten zur Warnung der

Chinesische Schauspieler um 1870.

Welt«, »Geschichten zum Erwecken der Welt«), die Sammlung »Zwei Bände überraschender Geschichten« (*Erpai*) sowie »Wundersame Geschichten aus dem Studio eines Müßiggängers« (*Liaozhai zhiyi*). Meisterhafte Romane wie die »Geschichte der Drei Reiche« (*Sanguo yanyi*), »Die Reise nach dem Westen« (*Xiyou ji*), »Die Räuber vom Liangshan-Moor« (*Shuihu zhuan*), »Der Goldene Lotus« (*Jin Ping Mei*), »Der Traum der roten Kammer« (*Hongloumeng*) und »Aufzeichnungen zur Entlarvung der Beamten« (*Guanchang xianxing ji*) haben die Weltliteratur beeinflusst. Cao Xueqins (1715-1763) Roman »Der Traum der roten Kammer« besticht durch Weite und Tiefe: Sei es seine philosophische Orientierung, die Porträtierung einer differenzierten Gesellschaft oder das Literarische an sich – all dies hat den Prüfungen der Zeit und der Literaturwissenschaft Stand gehalten.

Bis heute erhaltene Manuskripte beweisen, dass das chinesische Theater bereits in der Zeit der Südlichen Song-Dynastie (1127-1279) reifte und sich in der Yuan-Dynastie (1280-1367) weiter entwickelte. Die Werke von Guan Hanqing (ca. 1240-ca. 1320) aus der Yuan-Dynastie und von Tang Xianzu (1550-1616) aus der Ming-Dynastie erreichten hohe Meisterschaft. Singspiele wie »Unrecht an Dou E« (*Dou E yuan*), »Das Westzimmer« (*Xixiang ji*) und »Die Päonienlaube« (*Mudanting*) sind Perlen in der Geschichte des Dramas. Der große Singspielautor Guan Hanqing schuf in seinen Stücken viele lebendige Frauenrollen – Ausdruck seines humanistischen Geists im unnachgiebigen Kampf gegen den Feudalismus. Seine Kritik richtete sich gegen das feudalistische Gesellschaftssystem und seine Herrscher. In »Unrecht an Dou E« lässt er die Protagonistin klagen:

Erde, zwischen richtig und falsch kannst du nicht unterscheiden –
wie hast du den Namen Erde verdient?
Himmel, du hast guten Menschen Unrecht getan –
wie hast du den Namen Himmel verdient?

Heutzutage gibt es insgesamt über 360 Singspiele aus den unterschiedlichen Regionen des Landes – von den »lebenden Fossilien des Theaters« wie der Nuo-Oper in der Provinz Guizhou (einem Singspiel mit Masken), der tibetischen Oper, der Puxian-Oper in der Provinz Fujian bis hin zum so genannten »Staatsschatz«, der Peking-Oper.

Chinesische Ästhetik

Dringt man etwas tiefer in die traditionelle chinesische Kunst ein, stellen sich viele nicht leicht zu lösende Fragen nach Herkunft und Besonderheit der in allen Künsten geschaffenen Meisterwerke. Woran dachten ihre Schöpfer?

Die früheste Tonware war bunt: Im Dorf Jiang hat man eine vollständige 6000 Jahre alte Malerausstattung freigelegt: einen Tuschestein mit einem Deckel, einen Mörser, einen Steinbecher für Wasser und sogar etwas in Stücke zerbrochenen roten Farbstoff, das natürliche Erz Eisenoxid. Dies zeigt, dass schon die alten Chinesen Erfahrungen mit der Wirkung und im Gebrauch von Farbe hatten, wobei Rot die am frühesten verwendete Farbe war. Doch mit der Weiterentwicklung der Herstellung von Keramik wurde auf bunte Bemalung verzichtet und allein Schwarz verwendet. Die Kultur der schwarzen Tonware war höher als die der bunten. Sahen die damaligen Künstler im tiefen Schwarz mehr Farben als in einer Farbpalette? In der chinesischen Malerei wird großer Wert auf den Kontrast und die Beziehung von Schwarz und Weiß, tiefem und mattem Schwarz sowie trockener und nasser schwarzer Tinte gelegt – könnte dies aus der Auffassung der damaligen Künstler von Schwarz als Inbegriff aller Farben herrühren? Und warum wurden die Muster auf den Tonwaren zunehmend einfacher, bis schließlich nur noch Linien die Phantasie des Betrachters anregten?

Viele gleichartige Fragen können für die anderen Künste ebenfalls gestellt werden: Warum hinterließen die Künstler ihre Wandmalereien an einsamen und entlegenen Orten und ließen ihre hervorragenden Werke im Angesicht der Wüste, unter Sandstürmen und an steilen Felswänden die Ewigkeit überdauern? Warum zeigen viele der über Jahrtausende verehrten Meisterwerke der chinesischen Kunst nur spärlichen Bambus, einige eigenwillig verdrehte Pflaumenzweige, vereinzelte Kiefern und Zypressen, ein paar Chrysanthemenblätter, eine kleine Schar Sperlinge und ein paar verstreute Federn? Und warum haben die langen Bildrollen, die den städtischen Alltag mit blühendem Handel und Wandel abbilden, es in Berühmtheit nie mit den schlichten und anmutigen Bildern aufnehmen können?

Warum zeichnet sich die chinesische Architektur durch geschwungene Dächer aus, während die Gebäude selbst allein und entlegen zwischen Bergen, Wassern und weiten Ebenen stehen? Das »Hängende Kloster« am Heng Shan in der Provinz Shanxi ist unmittelbar an den steilen Fels gebaut. Seit über 1500

Um 1930 entstand mit »Lotussamenkopf und Libelle« eines der berühmtesten Rollbilder des Malers Qi Baishi (1863-1957).

Jahren wird es von nur wenigen Holzpfeilern gestützt. Warum wählte man gerade diesen abweisenden Ort für den Bau eines Klosters?

Warum ist die Bühne der traditionellen chinesischen Oper so sparsam ausgestattet, während Kostüme und Maske der Darsteller aufwendig und bunt sind? Wie gelingt es der traditionellen chinesischen Musik, allein mit einer einfachen Bambusflöte, der zweisaitigen Kniegeige (*erhu*) oder der Laute (*pipa*) so viele Stücke mit unterschiedlichen Stimmungen zu schaffen? Vergleichbare Fragen gibt es zuhauf.

Das gesamte Kunstschaffen in China ist durchzogen von der einzigartigen chinesischen Ästhetik. Da die traditionelle chinesische Philosophie von dem Ideal der Harmonie zwischen Himmel und Menschen ausgeht und davon, dass der Mensch Teil der Natur ist, ist es nur folgerichtig, wenn der Mensch die Harmonie seines Kunstschaffens mit der Natur anstrebt. Überdies soll die Natur den menschlichen Geist auf eine höhere Ebene führen. So hat sich die chinesische Kunst im Wesentlichen am Schlichten orientiert. Zunächst einfach wurde sie später aufwändig und überladen, um dann wieder zum Schlichten und Natürlichen zurückzukehren, zu einer Schlichtheit jedoch, die besonders verfeinert ist. Damit ist die chinesische Ästhetik die Rückkehr zu ursprünglicher Natürlichkeit als höchste Form der Schönheit. Nur wenn der Künstler, bevor er ein Kunstwerk schafft, seine ganze Vorstellungskraft sammelt, die Vielfalt der Erscheinungen auf der Welt vom Standpunkt der Schlichtheit aus erkennt und die Farbenpracht im Blassen sieht, dann erst belebt ihn der Geist der Schönheit. Einfache und lebendige Linien haben ein schlichte Schönheit, ebenso wie die Malerei, Kalligraphie, Bildhauerei, Architektur und der Tanz. So ist es zu verstehen, dass die chinesische Architektur Wert auf die Verbindung zwischen dem Wirklichen und dem Vorgestellten legt. Die stets neuen Blickwinkel beim Durchschreiten von Gärten wie denen in Suzhou und das Hervorrufen von Gefühlen durch Szenerie, dies alles erhält die Harmonie zwischen den Bauwerken und ihrer Umgebung.

Wo sind die Weisen der Vergangenheit,
Wo die der Zukunft?
Himmel und Erde bestehen ewiglich,
Einsam und traurig vergieße ich Tränen.

Dieses kurze Gedicht von Chen Zi'ang (661-702) mit dem Titel »Ballade über das Besteigen des Turms von Youzhou« (*Deng Youzhou tai ge*) ruft die lange Geschichte wach, an die chinesische Künstler angesichts eines alten verlassenen Turms an einem entlegenen Ort denken. Sie verbinden die – gleichsam horizontal gedachten – Geschehnisse mit der vertikalen Struktur der Zeit und seufzen über die endlose, immer neu entstehende Verbindung zwischen Natur und menschlicher Gesellschaft. Dieses Seufzen offenbart die besondere chinesische Auffassung von Geschichte, und dies ist der Grund dafür, dass das Gedicht lebendig bleibt.

Mit unterschiedlicher Maske, bestehend aus Farben und Linien, können chinesische Schauspieler verschiedene Charaktereigenschaften darstellen: Loyalität, Hinterhältigkeit, Weisheit und Einfalt. Dies ist der »Symbolismus« der chinesischen Oper. Mit ihren Gliedern und Körpern beschreiben sie fließende Bewegungen und drücken damit komplexe Gefühle und Gedanken aus; das Bühnenbild wir durch Vorstellungskraft ersetzt – dies nennt man »Abstrakten Expressionismus«. Es ist der reiche künstlerische Ausdruck, der der Tiefe der chinesischen Philosophie entwächst.

Die lange Entwicklung der chinesischen Kunst vom Einfachen zum Aufwändigen und wieder zum Schlichten wurde vom ganzen Volk rezipiert. Das ist der Grund dafür, dass alle Bereiche der chinesischen Kunst den gleichen Zauber haben: Das Zurück zum Reinen und Einfachen, die Verehrung der Natur, der

Lebendigkeit der Darstellung, des Ausgleichs und der Harmonie ist das Wesen der chinesischen Kunst. Daraus ergeben sich die Besonderheiten:

Erstens legt chinesische Kunst, insbesondere Literatur und Theater, besonderes Augenmerk auf eine moralische Beurteilung. Das so genannte »Lehren von hoher Warte aus« bezieht sich in erster Linie auf die moralische Haltung des Autors gegenüber den Personen und der Handlung. Moral wurde zum wesentlichen Maßstab bei der Einteilung der Personen in »Gut« und »Böse«. Mitunter führt dieser Ansatz dazu, dass Charaktere etwas eindimensional wirken. Doch die Tradition des Berichtigens öffentlichen Verhaltens und des Eingreifens in das Leben wird hier deutlich erkennbar.

Zweitens sind chinesische Kunstwerke realistisch und stehen in unmittelbarer Nähe zum Leben; gleichsam sind sie aber auch reich an Phantasie. Nahezu alle überlieferten alten Werke spiegeln das Leben zur Zeit ihrer Entstehung wider, doch nutzen sie auch die Phantasie, um ihre Ideale auszudrücken. Dabei ist die Darstellung von Träumen, Göttern und Geistern, anderen Ländern und selbst die Utopie eine häufig verwendete Methode.

Drittens bewahren die Künstler stets einen angemessenen Abstand zu ihren Werken. So bewegen sie sich sowohl in der Kunst selbst als auch außerhalb von ihr. Dieses so genannte »Gefühl für den Abstand« ist ein einzigartiger Zauber der chinesischen Kunst. Ganz gleich, um welche Art der Schönheit es sich handelt – Größe, Sanftmut, Trauer oder Schmerz – die Autoren befinden sich einerseits in ihrem Werk, um ein Gefühl und eine bestimmte Atmosphäre zu schaffen; andererseits stehen sie außerhalb ihres Werks, um die Welt, die unter ihren Händen entstanden ist, in Ruhe zu genießen und sich ihrer eigenen Schöpferkraft zu erfreuen. Ist man sich bei der Betrachtung chinesischer Kunst dieser Beziehung zwischen »Drinnen« und »Draußen« nicht bewusst, gelingt es nur schwer, die innere Welt der Künstler zu begreifen.

Viertens geht es der chinesischen Kunst darum, die Phantasie des Publikums anzuregen und es in das Werk eintauchen zu lassen. Chinesische Kunstwerke vermeiden »Ausgefülltheit«. Das Werk muss viel Leeres enthalten, das der Betrachter selbst füllen kann. Kunstschaffen mit dem Blick auf die Rezeption hat eine lange Tradition. In der chinesischen Geschichte gab es viele Künstlergruppen und politische Verbindungen, doch nur wenige Gruppierungen, in denen verschiedene Schulen aufeinander trafen. Der Grund dafür liegt darin, dass chinesische Künstler vor allem Harmonie mit den »Empfängern« und eine harmonische Bindung zwischen dem Schöpfer und seinen Bewunderern anstreben.

Fünftens ist chinesischer Kunst der »Ausdruck« wichtig. Deshalb betont die chinesische Kunst insbesondere die Wahrnehmung, das Verständnis und das Gefühl des Künstlers für das Leben sowie den »Ausdruck« seiner Gedanken mit den ihm eigenen Methoden. Ganz natürlich werden daher Symbole und »Abstrakter Expressionismus« angewandt.

Einfluss traditioneller chinesischer Kunst auf die Welt

Die chinesische Kunst ist natürlich auch Teil der Kunst der Welt. Doch gibt es auf der Welt keine festgelegte, abgeschlossene Weltliteratur oder Weltkunst. Zur Welt gehören viele Länder, unterschiedliche Regionen und verschiedene Völker, und ohne die chinesische Kunst wäre die Weltkunst unvollständig. Die chinesische Kunst war stets offen für die Einflüsse ausländischer Kunst. Aber nahezu jede Kunst, die von außen nach China kam, wurde von chinesischen Künstlern verändert und durchlief einen »Sinisierungsprozess«. Alle Künste, die diesen Prozess durchlaufen hatten, wurden von den Chinesen akzeptiert; Künste hingegen, die nicht sinisiert worden waren, hatten es schwer, in China Fuß zu fassen. Diese so genannte Nationalisierung bedeutete zum einen die Fortführung künstlerischer Traditionen eines Landes und zum anderen die Aufnahme ausländischer Kulturen und ihrer Verwandlung zu einem Teil der eigenen Kultur. So geht die Vielfalt der chinesischen Kultur auf die Aufnahme ausländischer Kulturen und die Vervollkommnung der eigenen Kultur zurück.

Während die chinesische Kunst von ausländischen Künsten beeinflusst wurde, hat sie doch umgekehrt auch die Künste anderer Länder beeinflusst. Einige große Meister der modernen und zeitgenössischen ausländischen Kunst wurden maßgeblich von der chinesischen Kunst inspiriert.

Der große Meister der Peking-Oper, Mei Lanfang (1894-1961), zeigte sein Können auch im Ausland. Sein Spiel im Moskau in den 30er Jahren des letzten Jahrhunderts verblüffte das russische

Der russische Schauspieler und Regisseur K. S. Stanislawskij (1863-1938)
im Gespräch mit dem chinesischen Sänger Mei Lanfang (1894-1961).
Gemälde von F. I. Sidorow aus dem Jahr 1963/64.

Publikum. Der Zauber der Struktur und des Arrangements der Peking-Oper sowie die lebendigen eleganten Linien, die die langen Ärmel des Meisters beschrieben, erstaunten Sergej Eisenstein (1898-1948), den russischen Meister der Filmkunst und Pionier der Montage. Die Montage seiner späteren Produktionen ähnelte der Struktur und dem Arrangement der Peking-Oper; Eisenstein bestätigte, dass viele seiner filmischen Einfälle von der östlichen Malerei beeinflusst waren.

Die Peking-Oper, gespielt von Mei Lanfang, erstaunte auch Bertolt Brecht (1898-1956), einen Meister des deutschen Theaters. Die einfache Struktur der Peking-Oper und der gewaltige von ihr erzielte räumliche Effekt waren die ideale Form des Theaters, nach der Brecht lange gesucht hatte. Er suchte nach einem Weg, auf dem er den Zuschauer einerseits in die Handlung eintauchen lassen und ihn andererseits die Schönheit des Theaterstücks mit freiem Blick genießen lassen konnte. Nun fand er diese Methoden in der Peking-Oper. Mit Blick auf sie schuf er das Brecht'sche Theater, das zu einer wichtigen Schule des modernen Theaters werden sollte.

Viele weitere Künstler setzten sich mit den chinesischen Werken auseinander. Dem großen spanischen Maler Pablo Picasso (1881-1973) zufolge zeigt sich in der chinesischen Malerei und dem chinesischen Theater die starke Ausdruckskraft der Farbe.

Von der Musik über die Architektur, die Bildhauerei und den Tanz bis hin zur traditionellen Kampfkunst Wushu – die Einflüsse der chinesischen Kultur im Westen werden zunehmend sichtbarer. Selbst die Haute Couture schaut auf den chinesischen Stil. Während einige Chinesen sich am Westen orientieren, sucht der Westen nach »chinesischen Dingen«. Scheinbar fahren zwei Züge in unterschiedliche Richtungen; tatsächlich aber sind die beiden Gleise miteinander verbunden. Gegenseitiger Austausch und Befruchtung sind in vielen Bereichen gegeben; früher oder später wird es zur Durchdringung der westlichen und östlichen Kulturen führen.

KAPITEL 8

KRIEGSKUNST

Jedes Land hat seine eigenen Theorien zur Erhaltung des Friedens, zur Wahrung der Sicherheit und für den Krieg. Während des langen Prozesses der Einigung des Landes und der Entwicklung der Dynastien sowie angesichts der Notwendigkeit, sich gegen Angriffe von Außen zur Wehr zu setzen, gab es immer wieder Kriege und innere Auseinandersetzungen. Kern der chinesischen Kriegskunst sind die Lehren der traditionellen chinesischen Philosophie und Politik.

Traditionelle Kriegsphilosophie

Das von dem Preußen Carl von Clausewitz (1780-1831) in der ersten Hälfte des 19. Jahrhunderts verfasste Buch »Vom Kriege« ist ein weltweit anerkanntes Meisterwerk der Kriegskunst und ein Wegweiser für westliche Überlegungen zum Krieg. Dem General und Militärtheoretiker zufolge ist Krieg ein Akt der Gewalt und die Funktion dieser Gewalt unbegrenzt. Auf der Grundlage dieser Überlegung traten viele westliche Militärstrategen für den unbegrenzten Einsatz militärischer Gewalt ein. Sie legten großen Wert auf die Auswahl der Waffen und befürworteten einen »totalen Sieg«. Doch mit dem Auftreten der Nuklearwaffen mussten viele Militärstrategen die Angemessenheit der Lehre von der unbegrenzten Vergeltung überdenken – unbegrenzte Gewalt kann zu Selbstzerstörung oder zur Zerstörung beider Seiten führen. So entstanden im ausgehenden 20. Jahrhundert die »Theorie von der schrittweisen Eskalation« und das »Konzept der Abschreckung«, das den Gedanken des »Siegs ohne Kampf« verfolgt.

»Sieg ohne Kampf« ist auch ein wichtiger Gedanke der alten chinesischen Militärtheorie. Diesen Gedanken entwickelte Sunzi (Sun Wu). Er wurde um 500 v. Chr. geboren und war damit ein Zeitgenosse von Konfuzius. Sein Meisterwerk »Kriegskunst des Meisters Sun« (*Sunzi bingfa*) gilt bis

Der preußische General und Militärtheoretiker Carl von Clausewitz.

heute weltweit als Klassiker. Ein Exemplar fand man 1972 in einem im Yinque-Gebirge im Kreis Linyi (Provinz Shandong) gelegenen Grab aus der frühen Westlichen Han-Zeit – über 2000 Jahre hatte es in der Erde gelegen, nun kam es wieder ans Tageslicht.

Eine weitere Abhandlung über die Kriegskunst erstellte ein anderer Sunzi (Sun Bin). Angeblich ist er ein Nachfahre des älteren Sunzi, er wurde über 100 Jahre nach ihm geboren. Da er als Beamter im Königreich Qi diente, nennt man ihn auch »Sunzi von Qi« und unterscheidet ihn so von dem älteren Sunzi, der Beamter im Königreich Wu war. Mit beiden hat die Familie Sun wichtige Militärstrategen hervorgebracht; beider Werke sind Schätze der chinesischen Zivilisation.

Der folgende Satz aus der »Kriegskunst des Meisters Sun« wird von Militärstrategen weltweit bewundert: »Im Krieg zu kämpfen und zu gewinnen ist nicht die höchste Leistung; den Widerstand der Feinde ohne Kampf zu brechen, das ist die höchste Leistung.«

Sun Wu vertrat die Auffassung, man solle den Feind zunächst mit Hilfe von friedlicher Strategie und dann auf diplomatischem Wege zu besiegen versuchen. Danach erst folge der Angriff auf die feindlichen Truppen und zum Schluss die Belagerung der Burgen und Städte. Sunzis Theorie von der »schrittweisen Eskalation« entstand 2000 Jahre vor der westlichen Theorie gleichen Inhalts aus dem ausgehenden 20. Jahrhundert.

Die chinesische Kriegskunst schätzt den »Sieg ohne Kampf«, weil die Chinesen schon früh ein tiefes Verständnis vom Kriege hatten und sich seiner Folgen voll bewusst waren.

Laozi sagt: »Die Waffen sind unheilvolle Geräte, nicht Geräte für den Edlen. Nur wenn er nicht anders kann, gebraucht er sie. Ruhe und Frieden sind ihm das Höchste.« Das von Laozi hier verwendete Wort »Waffen« (*bing*) wurde von einigen Wissenschaftlern auch weiter gefasst mit »Krieg« übersetzt. Laozi lehnte den Krieg ab; man solle ihn nur führen, wenn es unbedingt notwendig sei. In diesem Fall solle man den Krieg einem höheren Ziel unterordnen und mit Vorsicht und kühlem Kopf vorgehen. Ein ruhiges Leben ohne Krieg und Kampf sei ein gutes Leben. Sunzi glaubte, dass Krieg die Macht sowohl des Verlierers als auch die des Siegers schwäche. Überdies sei es schwer zu vermeiden, dass jemand die Kriegswirren für den eigenen Vorteil nutzt. Selbst die fähigsten Herrscher hätten Schwierigkeiten, die Folgen des Krieges unter Kontrolle zu halten.

Theoretisch also dürfte es Krieg nicht geben. Doch die Wirklichkeit sieht anders aus. Deshalb traten die chinesischen Weisen dafür ein, dass dem Krieg durch »Menschlichkeit« bzw. »Güte« (*ren*) und dem Streben nach »dem rechten Weg« (*dao*), hier auch als Form einer »Gerechtigkeit« zu verstehen, entgegen gewirkt wird. Dies ist der Kern von Chinas einzigartigem philosophischen Beitrag zur Kriegskunst.

Laozi sagt: »Wer im rechten Sinn einem Menschenherrscher hilft, vergewaltigt nicht durch Waffen die Welt, denn die Handlungen kommen auf das eigene Haupt zurück. Wo die

Heere geweilt haben, wachsen Disteln und Dornen. Nach den Kämpfen kommen immer Hungerjahre.«

Solange man den Herrscher mit »Gerechtigkeit« unterstütze und nicht versuche, mit Krieg die Welt zu besiegen, ließen sich politische Konflikte und Staatsangelegenheiten leicht lösen. Krieg bringe keinerlei Vorteile – wo er gewütet hat, ist die Ernte ruiniert und sind die Felder verkrautet; wo eine Armee durchzog, dauern Kampf, Töten und Chaos fort.

Sunzi sagt, dass ein militärischer Führer, der seine Armee wohl zu führen weiß, auch Frieden, Recht und Ordnung bewahren könne. Er könne es daher unternehmen, den Feind zu bezwingen. Weise könnten zwischen dem Herrscher und seinen Untertanen vermitteln, wenn es um die Entscheidung über Krieg oder Frieden geht. Für eine solche gemeinsam getroffene Entscheidung würden die Untertanen auch zu sterben bereit sein.

Menzius (Mengzi; ca. 327-289 v. Chr.) sagt, der gütige Edle habe auf der Welt niemanden, der sich mit ihm messen kann. Wer einen solchen in den Kampf mit Gegnern ohne »Güte« und »Rechtschaffenheit« sende, dem sei der Sieg gewiss, und er vermeide unnötiges Blutvergießen. Mengzis berühmte Aussprüche: »Der Gütige hat keinen Feind«, und »Die gerechte Sache findet große Unterstützung, die ungerechte nur geringe«, kennt in China jeder.

Die traditionelle chinesische politische Kultur legt seit alters her Gewicht auf eine »Politik des Volkes«; sie geht davon aus, dass das Volk die Grundlage des Staates ist. Laut einem chinesischen Sprichwort gilt: »Wasser kann ein Boot sowohl tragen wie auch kentern lassen.« Aus diesem Grund nutzt die chinesische Kriegskunst »Güte« und »Gerechtigkeit« als Maßstäbe bei der Entscheidung für oder gegen den Krieg, bei der Frage nach Nutzen oder Schaden für das Volk. Ein altes Traktat »Die Kriegskunst des Sima« (*Sima fa*), das dem Strategen Sima Rangju aus der »Frühlings- und Herbstperiode« zugeschrieben wird, sagt: »Wenn ein Land ein zweites angreift, dabei aber dessen Bürger

168

schützt, dann ist der Angriff gültig und gerecht, und jedes Mittel darf genutzt werden. Führt man einen Krieg, um einen Krieg zu beenden, dann hat dieser trotz des Schadens, den er anrichtet, eine moralische Berechtigung; einen solchen Krieg darf man führen.« Ebenso heißt es in dem Traktat: »Ist ein Krieg notwendig, darf man ihn führen. Doch darf er nicht der Landwirtschaft schaden und das Leid der Bevölkerung vergrößern – weder auf der Seite des Gegners noch auf der eigenen Seite.«

Chinesische Strategen fragen stets danach, ob ein Krieg »gerecht« ist und ob er im Geiste des »Wohlwollens für das Volk« geführt wird. Das ist der Grund dafür, dass Losungen wie »die Tyrannen strafen und dem Volk helfen«, »das Volk vor Überschwemmung und Feuersbrunst bewahren«, »dem Volk die Sorgen nehmen« und »die Verantwortlichen bestrafen und das Volk unbehelligt lassen« in Kriegen immer wieder verwendet werden. Einen gerechten Krieg darf man führen, einen ungerechten nicht; eine gerechte Streitmacht greift im Namen einer gerechten Sache an. Diese Losungen haben die Militärstrategen der chinesischen Geschichte befolgt, gingen sie doch davon aus, dass man mit ihnen einen Krieg gewinnen und die Kampfmoral der Armee hochhalten könne.

Die chinesische Militärstrategie beurteilt zunächst die moralische Rechtfertigung eines Krieges; Maßstab ist ihr dabei die »Rechtschaffenheit« (*yi*). Für westliches militärisches Denken spielt der Nutzen die entscheidende Rolle. Das ist der grundlegende Unterschied zwischen beiden Schulen. Dabei ist keine besser oder schlechter als die andere, sie spiegeln nur unterschiedliche Wertvorstellungen wider. Die chinesische Kriegskunst richtet sich an »Güte« und »Gerechtigkeit« aus und lässt den Krieg nicht außer Kontrolle geraten: Ihr geht es nicht um militärische Macht, noch würde sie sich unkontrollierter Gewalt bedienen; sie strebt nach dem »Sieg ohne Kampf«.

Strategisches Denken

Carl von Clausewitz zufolge ist der »Krieg die Fortsetzung der Politik mit anderen Mitteln«. Diese Ansicht findet weltweit allgemeine Anerkennung bei Politikern und Militärstrategen. Wenn politische Fragen auf friedlichem Wege nicht gelöst werden können oder eine politische Auseinandersetzung sich anders nicht beilegen lässt, entscheidet man sich für den Krieg; dabei versucht

jede der beteiligten Seiten, diese politischen Fragen militärisch zu ihren Gunsten zu entscheiden. Dies ist die Militärstrategie nach Clausewitz.

»Die Kriegskunst ist von grundlegender Bedeutung für ein Land. Sie ist eine Frage von Leben und Tod, ein Weg zu Sicherung oder Untergang. Sie darf daher auf keinen Fall vernachlässigt werden.« So lautet der Beginn von Sunzis »Kriegskunst«. Er betrachtet den Krieg als eine Angelegenheit des Staates und des ganzen Volkes, als etwas, das über Weiterbestehen oder Untergang eines Volkes entscheidet, und dem deshalb ungeteilte Aufmerksamkeit gebührt. Dies ist der grundlegende strategische Gedanke der chinesischen Kriegskunst – vorsichtiger, tiefgehender und umfassender als der von Clausewitz.

Wie heftig und erbittert der politische Konflikt auch ist – bevor man zu den Waffen greift, muss man sich über die grundlegenden Folgen, die ein Krieg für ein Land und ein Volk haben kann, Rechenschaft ablegen; keinesfalls darf man leichtfertig in den Krieg ziehen. Dieser Gedanke zeigt nicht nur eine friedliche Grundeinstellung, sondern auch die Erkenntnis, dass der Krieg eine Nemesis für den Menschen ist. So kommt der britische Militärstratege Sir Basil Liddell Hart (1895-1970) zu dem Schluss, dass von allen Militärstrategen allein Clausewitz sich mit Sunzi messen könne: Obwohl zwischen Sunzi und Clausewitz 2000 Jahre lägen, bleibe letzterer in mancher Hinsicht hinter ersterem zurück; einige seiner Ansichten seien überdies längst überholt. Sunzis Ansatz sei tiefgehender und scharfsichtiger, seine Lehren unsterblich.

Laut Sunzis »Kriegskunst« sind in der Kriegskunst fünf Faktoren zu berücksichtigen, wenn man die Lage auf dem Kriegsschauplatz bestimmen will: Erstens »das Gesetz der Moral«, zweitens »der Himmel«, drittens »die Erde«, viertens

Tonfiguren zweier Generäle aus der Zeit der Han-Dynastie.

»der Befehlshaber« und fünftens »Vorgehen und Disziplin«.
Ausgehend von Überlegungen zur Politik, zur Wahl des rechten
Zeitpunkts und des rechten Ortes, den militärischen Führern und
dem Recht entwickelt er eine umfassende Lehre von der Strategie.
Sunzis Kriegskunst umfasst 13 Kapitel: Planung, Kriegführung,
Strategie des Angriffs, Taktik, strategisches Verhältnis, Stärken

*Die Terrakotta-Armee im Mausoleum des ersten Kaisers Qin Shihuang
nahe Xi'an (Provinz Shaanxi).*

und Schwächen, militärischer Kampf, die neun Veränderungen,
Bewegung der Streitkräfte, geographische Beschaffenheit, neun
Arten des Terrains, Angriff mit Feuer, Einsatz von Spionen.

Politik, Diplomatie und Psychologie werden in den Dienst des Krieges gestellt – das erinnert sehr an den modernen »totalen Krieg«. Unter dem Einfluss dieser Überlegungen brachte China Generationen fähiger Militärstrategen hervor. In der »Frühlings- und Herbsperiode« gab es neben Sun Wu auch den bereits erwähnten Sun Bin. Liu Bang (247 oder 256-195 v. Chr.), der Gründer der Westlichen Han-Dynastie, lobte den Militärstrategen Zhang Liang (?-186 v. Chr.) als jemanden, der »Strategien in einem Befehlsstand plant und den Sieg an einer 1000 Li entfernten Front erzielt«. Auch Han Xin (?-196 v. Chr.) und Cao Cao (155-220) waren berühmte Militärstrategen. Zhuge Liang (181-234), der zur »Zeit der Drei Reiche« lebte, wurde als »Verkörperung der Weisheit« bezeichnet. Um politisches Denken und Militärtheorie voranzubringen, analysierte er Kriege umfassend aus der Sicht von Politik, Wirtschaft, Geographie, Kultur, rechtem Zeitpunkt, geographischem Vorteil und der Harmonie in der Beziehung der Menschen untereinander. Diese Tradition hat in den letzten 2000 Jahren viele Militärstrategen hervorgebracht, die in Kultur, Strategie, Politik und Militärwesen bewandert waren – die so genannten »konfuzianischen Generäle«. Ihre weise Führung der Offiziere im Feld führte sie zu herausragenden Erfolgen. Mit dem Begriff »Betonung von Strategie und Wehrkunde« lässt sich diese Lehre treffend zusammenfassen.

Neben der umfassenden Strategie misst die traditionelle chinesische Kriegskunst der Taktik große Bedeutung bei. Die »36 Strategeme« sind das beste Beispiel hierfür. Sie stellen Wege dar, wie man mit besonderen taktischen Kniffen und möglichst ohne Kampf den Sieg erringt und die Verluste gering hält. Die chinesischen Militärstrategen haben die »Güte« stets als den ihren Strategien zugrunde liegenden moralischen Maßstab betrachtet – mit strategischen Schritten fremde Armeen zu bezwingen bedeutete »Güte«. Sieg durch taktische Maßnahmen ist Krieg in seiner höchsten Form. Lassen die Militärstrategen sich von »Güte« leiten, sind sie erfolgreich. Da jede Kriegsführung auch Täuschung ist, handelt es sich bei der Taktik der chinesischen Kriegsführung nicht um Tricks ohne Prinzipien oder Moral, sondern im Gegenteil um den Weg von »Güte«, »Rechtschaffenheit« und »Gerechtigkeit«. Deshalb haben die Militärstrategen der letzten 2000 Jahre auch niemals die Frage gestellt, ob Taktik moralisch ist oder nicht. Für sie war Taktik mit dem Ideal der »Güte« vereinbar; wer indes den Kampf und das Töten in den Mittelpunkt stelle, sei nicht gütig. Sunzi sagt: »100000 Männer aufzustellen und sie tausende von Li marschieren zu lassen, belastet das Volk und leert die Schatzkammern. Die täglichen Ausgaben belaufen sich auf 1000 Goldmünzen. Daheim und in den Nachbarländern wird es Unruhen geben, und auf den Straßen werden die Menschen erschöpft zusammenbrechen. 700000 Familien können ihrer Arbeit nicht nachgehen. Jahrelang stehen die Armeen einander im Ringen um einen Sieg gegenüber, der dann an einem Tag entschieden wird. Deshalb ist es der Gipfel der Unmenschlichkeit, über die Lage des Feindes im Unklaren zu sein, nur weil man 100 Goldmünzen für Belohnungen und Sold sparen will. Wer so handelt, ist kein General, kein guter Ratgeber seines Herrschers und kann den Sieg nicht erringen.«

Den Gipfel der Unfähigkeit stellen also jene Führer dar, die, obwohl sie die Lage des Feindes nicht kennen, Soldaten aufstellen und Menschen und Staat verarmen lassen, weil sie hoffen, den Krieg mit nur einer Schlacht zu gewinnen und so zu Ruhm zu gelangen. Sie sind keine guten Generäle und auch nicht geeignet, den Herrscher zu beraten. Auch wenn sie selbst Kaiser wären, trügen sie kaum den Sieg davon. Sunzi legte also großen Wert auf die »Kenntnis von der Lage des Feindes«. Man müsse die Situation des Feindes kennen und seine Absichten vorausahnen.

Diese Vorausahnung kann man sich nicht bei den Geistern holen. Sie kann weder aus Erfahrung hergeleitet noch durch Schlussfolgerungen gewonnen werden. Zu Wissen über die Lage des Feindes gelangt man nur durch andere Menschen. Will man Kunde von der Lage des Feindes haben, muss man sie sich von

Menschen beschaffen, die sie kennen – der Spion wird so zu einer Notwendigkeit. So ist das Kapitel »Einsatz von Spionen« in Sunzis »Kriegskunst« das älteste Traktat der Welt über die Spionage.

»Kennt man sich selbst und den Feind, braucht man den Ausgang von 100 Schlachten nicht zu fürchten« – dies ist ein berühmter Ausspruch Sunzis. Um sich selbst zu kennen, muss man seine eigene Lage umfassend erforschen; um den Feind zu kennen, muss man nachrichtendienstliche Mittel verwenden – dies wurde eine wichtige Ergänzung militärischer Operationen. Doch sowohl bei verdeckten Auseinandersetzungen als auch im offenen Krieg sollte man stets beherzigen, dass Grundlage der Taktik die »Güte« ist, die ihrerseits auf »Gerechtigkeit« gründet.

Einfluss der chinesischen Kriegskunst auf die Welt

In der »Zeit der Streitenden Reiche« erfreute sich Sunzis »Kriegskunst« großer Beliebtheit. Im 8. Jahrhundert gelangte sie ins Japan der Nara-Zeit (710-794) und wurde dort am Hofe gelehrt. Um seine Streitmacht zu ermutigen, schrieb der berühmte japanische Militärstratege Takeda Shingen (1521-1573) während der Sengoku-Periode (1478-1573) vier Schriftzeichen auf sein Banner: Es waren die Zeichen für »Wind«, »Wald«, »Feuer« und »Berg«. Dabei bezog er sich auf einen Satz in Sunzis »Kriegskunst«: »Deine Geschwindigkeit soll die des Windes sein, deine Festigkeit die des Waldes; beim Angriff und Plündern sei wie das Feuer, wenn du stillstehst wie ein Berg.«

Heutzutage trifft man Sunzi in japanischen Comics an; seine Lehre wird von Jung und Alt gelesen. Bereits nach dem 18. Jahrhundert wurde Sunzis Kriegskunst ins Französische, Englische, Deutsche, Tschechische und Russische übersetzt

Infanterist der Terrakotta-Armee des ersten Kaisers Qin Shihuang.

und fand Anerkennung bei Militärstrategen in aller Welt. Für japanische Militärstrategen behält Sunzis Kriegskunst trotz ihres hohen Alters auch in der modernen Zeit ihre Gültigkeit. Deshalb lassen sich japanische Geschäftsleute of von diesem Werk leiten, wenn sie ihre Marktstrategien planen. Auch in anderen Ländern der ostasiatischen Regionen wie Korea und Singapur wenden aufgeschlossene Politiker bei wirtschaftlichen Entscheidungen erfolgreich die Prinzipien der chinesischen Kriegskunst an.

Der Sinologe Harro von Senger erregte große Aufmerksamkeit mit seinen ausführlichen Abhandlungen über die bereits erwähnten »36 Strategeme«. Es ist ein Katalog von 36 taktischen Anwendungen, ein Auszug aus einem Militärtraktat, deren Hauptquelle aus der Ming-Zeit (1368-1644) stammt. Die Zusammenstellung beinhaltet chinesische Weisheiten eines Zeitraums von 3000 Jahren und zeigt im übertragenen Sinne das Anwendungspotential der Strategeme als Kriegslisten, aber auch als Tricks in politischen oder privaten Lebensbereichen. Nach der Veröffentlichung durch Harro von Senger Ende der 1980er Jahre fanden sie großes Echo; manche Staatsmänner bezeichneten sie als hilfreich für die Politik.

Zuletzt gerieten die Jahrtausende alten chinesischen Kriegstaktiken in den Blick der Öffentlichkeit, als im April 2006 der chinesische Staatspräsident Hu Jintao bei seinem Besuch in den USA dem amerikanischen Präsidenten George W. Bush ein besonderes Gastgeschenk überreichte: Es handelte sich um eine in Seide gestickte englische Übersetzung von Sunzis Werk »Kriegskunst des Meisters Sun«.

KAPITEL 9

ENTDECKUNGEN UND ERFINDUNGEN

Die vier großen Erfindungen des Alten China

Die chinesische Zivilisation hat in seiner langen Geschichte zahllose Errungenschaften hervorgebracht. Überall auf der Welt kennt man die vier großen Erfindungen des Alten China – das Papier, die Druckkunst, den Kompass und das Schwarzpulver.

Papier

Aus Ausgrabungen lässt sich schließen, dass es bereits in der Westlichen Han-Dynastie (206 v. Chr.-8 n. Chr.) aus pflanzlichen Fasern hergestelltes Papier gab. Historischen Aufzeichnungen zufolge war der Erfinder der Herstellung von Papier aus Pflanzenfasern Cai Lun (ca. 50-121) in der Östlichen Han-Dynastie (25-220 n. Chr.). Wahrscheinlicher ist jedoch, dass er nicht der Erfinder war, sondern auf der Erfahrung seiner Vorfahren im Herstellen von Papier aufgebaut und deren Technik verbessert hat. Nach der Wei- (220-265) und Jin-Dynastie (265-420) begann man in großem Umfang, Papier zum Schreiben zu nutzen. In der Tang-Zeit (618-907) erreichte Chinas Papierherstellungstechnik die arabische Welt. Über die Mauren gelangte die Kunst der Papierherstellung im 12. Jahrhundert nach Spanien. Papiermanufakturen entstanden, und die chinesische Kunst der Papierherstellung verbreitete sich nach und nach in ganz Europa.

斬 竹 漂 塘

Papierherstellung aus Bambus.

Buchdruck

Die Entdeckung des Buchdrucks dürfte in der Sui- (581-618) und Tang-Dynastie erfolgt sein. Damals verwendete man eingravierte Druckstöcke. In der Mitte des 11. Jahrhunderts erfand Bi Sheng (?-1051) in der Zeit zwischen 1041-1048 den Druck mit beweglichen Lettern: In einem Eisenrahmen wurden aus Ton gebrannte Schriftzeichen mit Hilfe von Wachs und Harz fixiert. Dies wird ausführlich in dem Werk »Pinselunterhaltungen am Traumbach« (*Mengxi bitan*) von Shen Kuo (1031-1094), einem Astronom und Physiker, erstmals dargestellt. In der Yuan-Zeit (1271-1368) hielt diese Technik auch in Korea und Japan Einzug und entwickelte sich gleichermaßen in Europa. Die Technik des Eingravierens war in China bereits über dreihundert Jahre früher als in Europa erfunden worden.

Buchdrucker in China.

Kompass

Die magnetische Wirkung von Eisensteinsplittern war seit dem 4. Jahrhundert, der »Zeit der streitenden Reiche«, bekannt. Zu Beginn der Song-Zeit (960-1279) wurde »der nach Süden weisende Fisch« – ein hölzerner Fisch mit einem Magnetstein im Leib – erfunden. Kurze Zeit später entstand der Kompass in der Form, in der er in der Schifffahrt bald weit verbreitet war. In der Nördlichen Song-Zeit (960-1126) segelten viele mit einem Kompass ausgestattete Schiffe unter anderem durch das Südchinesische Meer und den Indischen Ozean. Arabische Händler schifften sich auf chinesischen Schiffen nach China ein, um dort Handel zu treiben. Sie lernten, wie man einen Kompass baut und verwendet – und brachten dieses Wissen in die arabische Welt und nach Europa. Für die weitere Entwicklung der Seefahrt spielte der Kompass generell eine wichtige Rolle.

Schwarzpulver

Die Erfinder des Schwarzpulvers waren vermutlich daoistische Alchimisten, die Unsterblichkeitspillen herstellen wollten. Die Entdeckung kann ungefähr auf die Tang-Zeit (618-907) datiert werden, doch das genaue Datum und die Namen der Erfinder sind nicht überliefert. Um das 8. oder 9. Jahrhundert gelangte die chinesische Alchimie in die arabische Welt, und der Hauptbestandteil des Schwarzpulvers, Salpeter, wurde in arabische Länder und nach Persien eingeführt. Arabische Chroniken erwähnen Salpeter jedoch erst nach dem 12. Jahrhundert, und zwar als »Chinesischen Schnee«. In Persien nannte man Salpeter »Chinesisches Salz«. Die Technik der Schwarzpulverherstellung gelangte möglicherweise erst in der Südlichen Song-Dynastie (1127-1279) nach Arabien. Chinesische Feuerwaffen und ihre Herstellungsmethoden fanden um das 13. Jahrhundert ihren

Weg in die arabische Welt. Alte arabische Schriften verzeichnen zwei Arten von Feuerwaffen: das »Kitan-Gewehr« für kürzere und den »Kitan-Feuerpfeil« für größere Entfernungen. »Kitan« war die Bezeichnung der Araber und anderer Völker für China; bei dem »Kitan-Gewehr« handelte es sich also um das »chinesische« Gewehr. In China wurden die so geannten heißen Waffen (Feuerwaffen) erfunden. Als das Wissen über die Herstellung von Schwarzpulver und Feuerwaffen durch die Araber nach Europa gelangte, waren diese bereits Jahrhunderte lang in Gebrauch.

Weitere Entdeckungen und Erfindungen

Nicht nur die oben genannten vier Erfindungen gehen auf die Chinesen zurück. Sowohl in den Natur- wie in den Geisteswissenschaften hat China in seiner langen Geschichte wichtige Beiträge zur Entwicklung der Menschheit geleistet.

Abgesehen von den vier großen Erfindungen dürfte die Erfindung des Porzellans für die Welt am bedeutsamsten gewesen sein. Alle pri-

Weißes Porzellan mit Blaumalerei aus der Zeit der Ming-Dynastie (frühes 15. Jahrhundert).

mitiven Stämme konnten Tonwaren herstellen; Porzellan jedoch ist eine Erfindung der Chinesen. Vor über 3000 Jahren war der Schritt von der Herstellung von Tonware zu der einfachen Porzellans vollzogen. Echtes Porzellan entstand erst in der Zeit von der Östlichen Han-Dynastie (25-220 n. Chr.) bis zur Wei- (220-265) und Jin-Dynastie (265-420). Im »unterirdischen Palast« des Tempels des Dharma-Tors (*Famen si*) im Kreis Fufeng unweit von Xi'an (Provinz Shaanxi) legte man Porzellanobjekte frei, die aus der Blütezeit der Tang-Dynastie vor über 1200 Jahren stammen. Die Perser sollen im 11. Jahrhundert begonnen haben, sich mit der Porzellanherstellung zu beschäftigen; im Jahr 1470 versah man in Italien Keramik mit einer Art Bleiglasur – doch um echtes Porzellan handelte es sich dabei noch nicht. Im Jahr 1712 entdeckten französische Missionare, dass man Porzellan aus Kaolin, einer besonders feinen und weißen Tonmasse vom Gaoling-Berg östlich von Jingdezhen (Provinz Jiangxi), brennen konnte. Es gelang ihnen, Kaolin nach Europa zu bringen – dies war der Beginn der europäischen Porzellananfertigung. Der Begriff »Kaolin« wird heute in der Porzellanherstellung weltweit verwendet. Im Westen steht das Wort »China« oft für Porzellan. Dies zeigt, dass Porzellan in besonderer Weise mit China verbunden wird.

Seide ist ebenfalls eine chinesische Erfindung. Schon in vorgeschichtlichen Legenden wird erzählt, dass sich die Vorfahren der Chinesen auf die Züchtung von Seidenraupen, das Abhaspeln der Seidenfäden vom Kokon und das Weben von Seidenstoffen verstanden. Der Legende nach erfand Lei Zu, die Frau des legendären »Gelben Kaisers«, die Technik der Seidenraupenzucht und des Seidenhaspelns. Als der römische Dichter Vergil (70-19 v. Chr.) noch glaubte, Seide walle von Bäumen herab, verwendete man in China bereits Haspelmaschinen und Jacquardwebstühle und kannte den Mehrfarbendruck. Man stellte Brokat, Seidengaze und Satin her und fertigte Seidenstickereien. Im Jahr 1972 bargen Archäologen aus dem hanzeitlichen Grab in Mawangdui in Changsha (Provinz Hubei) über 200 Seidenstoffe.

Das Dekor dieser Vase zeigt Frauen bei der Ankunft am Haus eines Gelehrten.

Darunter war ein gut erhaltenes Gewand aus Gaze, zart wie die Flügel einer Zikade und weich und leicht wie ein Nylonschal. Das 128 cm lange Gewand mit 190 cm langen Ärmeln wiegt nur 49 Gramm. Außerdem fand man Seidenmalereien in strahlenden Farben und im fließenden klassischen Becher- und Rauten-

Das Aquarell aus dem 18. Jahrhundert zeigt einen europäischen Kaufmann vor einer Teemanufaktur in China.

Muster. Bereits vor über 2100 Jahren war die Seidenweberei in China hoch entwickelt. Der europäische Adel war bereit, dieses leichte, weiche Material, das über die Seidenstraße in den Westen gelangte, mit Gold aufzuwiegen. Die alten Griechen und Römer bezeichneten China als »seres« – das »Land der Seide«. Das Wort »seres« stammt von dem chinesischen Begriff für Seide (*si*) und ist seinerseits Ursprung des englischen Wortes »silk«. Seide verband China mit der Welt. Noch heute ist China der weltweit größte Seidenproduzent.

Auch der Tee ist eine chinesische Erfindung. Die Bezeichnungen für Tee in vielen Sprachen sind aus dem Kantonesischen und dem Dialekt der südchinesischen Provinz, dem südlichen Fujian entlehnt. Tee trank man in China schon vor 4000 Jahren. Bereits während der Qin- (221-206 v. Chr.) und Han-Zeit (206 v. Chr.-220 n. Chr.) pflanzte man Tee an, früher als in allen anderen Teilen der Welt. Zur Zeit der Tang-Dynastie (618-907) hatte sich der Teeanbau auf ganz Südchina ausgebreitet und die Sitte des Teetrinkens das ganze Land erfasst. Lu Yu (733-804) verfasste die erste Monographie über den Tee – »Das Buch des Tees« (*Chajing*). Im 5. Jahrhundert gelangte der Tee nach Korea und Japan. Im 17. Jahrhundert wurde Tee nach Europa und Amerika verkauft, und die Mode des Teetrinkens hatte die ganze Welt erfasst. Tee, Kaffee und Kakao galten als die drei großen Getränke der Welt. Tee kosten, Tee schätzen und über Tee sprechen – hier schlägt sich die chinesische Philosophie im Alltag nieder. Die chinesische Teezeremonie hatte tiefen Einfluss auf Japan; heute ist die Teezeremonie dort einer der Staatsschätze. Das vollständig erhaltene Set für die Tee-Zeremonie, das man im »unterirdischen Palast« im Tempel des Dharma-Tors barg, zeigt, dass die Utensilien für die Tee-Zeremonie der Tang-Zeit sich von denen im heutigen Japan nicht unterscheiden. In China gibt es fünf verschiedene Teearten: Grünen Tee, Schwarzen Tee, Oolong-Tee, parfümierten Tee und den oft zu Stücken zusammengepressten Pu'er-Tee. Jede Art umfasst ihrerseits viele verschiedene Sorten.

Sie werden in jeweils anderer Weise verarbeitet, unterschiedlich zubereitet und haben ihren eigenen Geschmack. Andere Länder haben sich meist auf die Produktion von nur einigen Teearten spezialisiert. Noch immer ist China das Land des Tees und der Teekultur.

Die Anerkennung als »Chinas fünfte große Erfindung« käme vielen weiteren chinesischen Erfindungen zu. Ein Beispiel wäre die frühe Verwendung von Wertpapieren. Seien es das als »fliegendes Geld« (*feiqian*) benutzte Papiergeld in der Tang- oder (unter weiteren Namen) in der Song-Zeit, die »jiaochao« der Yuan-Zeit (1280-1367) oder die »baochao« in der Ming-Zeit (1368-1644) – sie alle waren fortschrittlicher als die in anderen Ländern der Welt zur jeweils gleichen Zeit verwendeten Wertpapiere. Auch Werbung und Warenzeichen könnten durchaus im Wettbewerb um die Auszeichnung als »Fünfte große Erfindung Chinas« antreten. Die nahezu jedem Chinesen bekannte lange Bildrolle »Flussufer-Szenen am Qingming-Fest« beweist mit im Winde flatternden Bannern, dass es in der Song-Zeit (960-1279) bereits Warenzeichen, Werbung und Ladenschilder gab. Auf Bildern der Song-Dynastie sieht man, wie Gaukler mit Warennamen auf ihren Rücken durch die Straßen stolzieren; Verlage platzierten Werbung auf den von ihnen herausgegebenen Büchern. In dem Roman »Die Räuber von Liangshan-Moor« (*Shuihu zhuan*) wird für Schnaps geworben: »Drei Schalen Schnaps und man ist zu trunken, um den Hügel zu besteigen.« Vor den Weinläden hingen Ladenschilder; Schilder mit Aufschriften wie »Angenehme Unterkunft für Reisende und Handelsleute« warben vor Gasthäusern.

Sojabohnen und Sojabohnenprodukte könnten ebenfalls um die Auszeichnung »Fünfte Erfindung« konkurrieren. Diese nahrhafte Pflanze mit niedrigem Fett- und hohem Proteingehalt wurde zunächst von Chinesen angepflanzt, verzehrt und verarbeitet. Über Japan kam sie schließlich auch nach Europa. Heute sind chinesische Sojabohnensprossen sowie Milch und Käse aus Sojabohnen in der ganzen Welt beliebt.

Eine weitere Gruppe von Erfindungen und Errungenschaften sind den Bereichen Technik, Ingenieurwesen, Schiffbau und Mathematik zuzurechnen. Vor 2000 Jahren stellte China bereits Entfernungsmesswagen und »Südanzeiger-Wagen« her. Dies sind hölzerne Gerätschaften, die mithilfe einer durch Zahnradantrieb bewegten Achse funktionieren. Der Staatsmann und Stratege der »Zeit der Drei Reiche« Zhuge Liang (181-234) soll hölzerne Ochsen und gleitende Pferde für die Versorgung der Armee hergestellt haben. Diese zeigen Kenntnis, Forschung und Gebrauch von Kraftübertragungssystemen; die Geräte waren die Vorläufer der heutigen Kupplung und des Tachometers.

Vor 4000 bis 5000 Jahren fuhren die Chinesen bereits auf Holzschiffen. Bereits zur Zeit der Qin- und Han-Dynastie war der Schiffsbau in China hoch entwickelt. Damals konzentrierte er sich auf 10 Städte, darunter Chang'an (das heutige Xi'an), Suzhou, Fuzhou und Kanton. Die »Geschichte der Han-Dynastie: Annalen des Kaisers Wu« (*Hanshu. Wudi ji*) berichtet vom Bau eines Schiffes namens »Yuzhang«. Es konnte laut Beschreibungen 10000 Passagiere aufnehmen und war wie ein Palast ausgestattet. Zur Erläuterung: Die Zahl 10000 ist hier wohl nicht wörtlich zu nehmen; sie steht im Chinesischen als Synonym für »eine sehr große Anzahl«. Die Legende vom ersten Qin-Kaiser, der eine Expedition unter Leitung von Xu Fu ausschickte, welche nach dem Paradies und dem Pulver der Unsterblichkeit suchen sollte, dürfte erst entstanden sein, als die Qin bereits über große Schiffe verfügten. Sie zeugt von der fortgeschrittenen Entwicklung Chinas in Schiffbau und Navigation. Zur Tang-Zeit (618-907) gab es bereits Schiffe mit Schaufelrädern, eine große Neuerung im Schiffbau.

In Europa gab es Raddampfer erst im 15. oder 16. Jahrhundert, also 700 bis 800 Jahre später. Schon in der Song-Zeit hatten die Seeschiffe wasserdichte Abteile; im Westen waren sie erst im 18. Jahrhundert bekannt. Damals navigierten die chinesischen Seeschiffe bereits mit dem Kompass – zwei

Jahrhunderte früher als die westlichen Schiffe. In der Tang-, Song-, Yuan-, Ming- und Qing-Zeit verfügte China über die größte Flotte der Welt. Seit dem 7. Jahrhundert kreuzte sie über die Ozeane. Ausländische Händler nutzten chinesische Schiffe auf ihren Reisen in Südostasien und im Indischen Ozean.

Auch im Brückenbau war China führend. China ist ein Land der Brücken: Die Zhaozhou-Brücke, die Guangji-Brücke, die Luoyang-Brücke und die Anping-Brücke in der Provinz Fujian dürften die ältesten Beispiele des Brückenbaus sein. Die Zhaozhou-Brücke (Provinz Hebei) wurde in der Sui-Dynastie (581-618) von dem Handwerker Li Chun gebaut; sie hat bereits mehr als 1300 Jahre überdauert. Diese Steinbogenbrücke ist 50,82 Meter lang, der Bogen misst 37,02 Meter. Die Brücke wirkt majestätisch und anmutig zugleich. Die harmonische Gesamtanordnung zweier Bögen auf den Schultern eines großen Bogens loben selbst heutige Brückenbauer.

Die Guangji-Brücke über den Hanjiang im Osten von Chaozhou (Provinz Guangdong) wurde in der Song-Dynastie (960-1279) errichtet. Die 518 Meter lange Brücke ist eine Kombination von festen Teilen und Flößen. Ein Teil der Brücke ist ein aus 18 Booten bestehender Ponton. Will ein Schiff die Brücke passieren, gibt der Ponton den Weg frei, danach schließt er sich und der Verkehr kann die Brücke wieder überqueren. Diese Kombination aus einem festen und einem flexiblen Teil war weltweit die erste Brücke dieser Art.

Die Luoyang-Brücke (Provinz Fujian) entstand vor mehr als 900 Jahren in der Nördlichen Song-Dynastie. Dieses Meisterstück einer Balkenbrücke überspannt den Luoyang-Fluß bei seiner Mündung bei Quanzhou. Die Brückenpfeiler wurden auf einem 500 Meter langen, unterhalb der Wasseroberfläche liegenden Damm errichtet.

China hat ebenfalls viele Hängebrücken aus den verschiedensten Materialien wie Bambus, Rohr und Eisenketten errichtet. Die Hänge-, die Bogen- und die Balkenbrücke sind die drei wichtigsten Brückenarten. Viele überspannen die Flüsse des Landes bis auf den heutigen Tag.

Die Zahl π gibt das Verhältnis des Umfangs eines Kreises zu seinem Durchmesser an. An der Genauigkeit bei der Berechnung von π lässt sich die Entwicklung der Mathematik ablesen. In der Zeit der Wei- (220-265) und Jin-Dynastie (265-420) näherte sich Liu Hui der Zahl π mit der so genannten »Kreis-Schnitt-Methode« an: Diese berechnet den Umfang des Kreises aus dem Verhältnis der Summe aller Dreieckbasen eines eingeschriebenen regelmäßigen Vielecks zum Durchmesser des Kreises. Ausgehend vom eingeschriebenen regelmäßigen Sechseck verdoppelte Liu Hui die Anzahl der Seiten des regelmäßigen Vielecks mehrfach auf 12 Seiten, 24 Seiten, 48 Seiten, 96 Seiten. Je mehr Seiten es waren, desto dichter näherte sich der Umfang des Vielecks dem des Kreises. Bei 192 eingeschriebenen Seiten berechnete er π mit 3,14124. Bei einer späteren Berechnung kam er auf einen genaueren Wert mit π = 3,14159.

Derjenige, der am meisten zur Berechnung von π beitrug, war Zu Chongzhi (429-500). Er lebte zur Zeit der Südlichen und Nördlichen Dynastien (420-589). Die Kriegsereignisse dieser Periode ließen die Menschen nach Süden übersiedeln, Chinas wirtschaftliches und kulturelles Zentrum verlagerte sich allmählich in das Gebiet des Yangtze. Zu Chongzhi lebte in den Südreichen in der Liu-Song-Dynastie (420-479) und der Südlichen Qi-Dynastie (479-502). Ausgehend von dem von Liu Hui berechneten Wert berechnete er zwei Werte für π: Der eine war der ungefähre Quotient 22/7, der bereits von ihm errechnet worden war; der andere war der exaktere Quotient 355/113. Zu Chongzhis einzigartige Leistung blieb die engste Annäherung an die Zahl π bis zum 16. Jahrhundert. Doch ging er mit seinen Berechnungen von π noch weiter, indem er die Ungleichung 3,1415926 < π < 3,1415927 aufstellte. Der Engländer William Oughtred (1575-1660) und der Niederländer Adriaen Anthonisz (1527-1607) kamen 1000 Jahre nach Zu Chongzhis Tod zum gleichen Schluss. Deshalb bezeichnete der berühmte japanische Mathematiker Mikami Yushio den Quotienten 355/113 als den »Zu-Quotienten«. Diese Bezeichnung wurde weltweit übernommen.

Die Xia-Dynastie (21.-16. Jh. v. Chr.) fasste zehn Tage zu einem »xun« zusammen – diese Einteilung in Dekaden lebt im chinesischen Kalender bis heute fort. Die Inschriften in Schildkrötenpanzern und auf Bronzegefäßen verwendeten zunächst dreizehn Schriftzeichen und ihre Kombinationen, um alle natürlichen Zahlen bis 100000 auszudrücken, z.B. 一 für 1, 二 für 2, 三 für 3, 四 für 4, 五 für 5, 六 für 6, 七 für 7, 八 für 8, 九 für 9, 十 für 10, 百 für 100, 千 für 1000 und 万 für 10000. Dies kündigte die Geburt des Dezimalsystems an. Nach der Qin- und Han-Zeit sollte es in China bereits weitgehend ausgereift sein. Für das Dezimalsystem entwickelte China eine entsprechende Rechenmaschine – den Abakus.

Die chemischen Verfahren zur Herstellung des Pulvers der Unsterblichkeit, die Erfindung des Seismographen, die Genetik und das Züchten, die frühesten astronomischen Aufzeichnungen und der chinesische Mondkalender (einschließlich des genaueren »Daming-Kalenders« von Zu Chongzhi aus dem Jahre 462) spielen für die Entwicklung der Wissenschaften eine wichtige Rolle. Und es gibt noch viele andere Erfindungen: den Lack, das Kartenspiel, die Essstäbchen, das Steigen-lassen von Papier-Drachen, das Schattenspiel, das Züchten von Goldfischen und Pekinesen, Tapeten, den zusammenfaltbaren Regenschirm, Fächer, Sänften und nicht zuletzt den Fußball. Diese frühen Erfindungen hat der Brite Joseph Needham (1900-1995) in seinem monumentalen Werk »Science and Civilisation in China« eingehend beschrieben. Diese hoch respektierte und verehrte Autorität in der chinesischen Wissenschaftsgeschichte sagte: »Der Beweis, dass die Erfindungen und Entdeckungen Chinas diejenigen Europas im gleichen Zeitraum bei weitem übertreffen, ist leicht zu führen. Das gilt insbesondere für die Zeit vor dem 15. Jahrhundert.«

Der amerikanische Sinologe Derek Bodde (1909-2003) äußerte sich so: »Wie arm wäre doch die westliche Zivilisation ohne chinesische Erfindungen. Einige dieser Errungenschaften vermittelten den Westlern große Freude, andere hatten einen hohen Gebrauchswert oder waren von hohem künstlerischen Wert. Einige Erfindungen haben ihren Lebensstil verändert und sind Grundlage der heutigen Zivilisation.«

Ebenfalls in der gesellschaftlichen Sphäre finden sich viele bedeutende Neuerungen. Das chinesische System der Zivilbeamten, das heute in vielen Ländern der Welt Anwendung findet, hat seinen Ursprung in der alten chinesischen Gesellschaft. In den letzten 2000 Jahren, seit der Qin- und Han-Dynastie, umfasste das politische System die Beamten des Hofes und der Provinzregierungen und regelte das kaiserliche Prüfungssystem. Dieses legte Kriterien für Auswahl und Ernennung von Beamten fest; es enthielt Regeln für ihre Vergütung, Bewertung, Beförderung, Überwachung und Entlassung. Diese Systeme und Regularien sind ein in sich abgeschlossenes, abgestimmtes und umfassendes Verwaltungssystem, das die chinesische Kultur stützt. Der Begründer des modernen China, Sun Yatsen (1866-1925), sagte einmal: »Die Prüfungssysteme vieler Länder haben ihr Vorbild in England, und das britische Prüfungssystem wiederum stammt ursprünglich aus China.« So ist auch das chinesische Beamtensystem ein Beitrag zur Weltkultur.

Ganzheitliches Denken

Der Gedanke von der Einheit von Mensch und Natur bestimmt die Weltsicht in der traditionellen chinesischen Kultur. Er erlaubte China, eine Reihe von Systemen zu entwickeln, die sich von der westlichen Wissenschaft und Kultur unterscheiden.

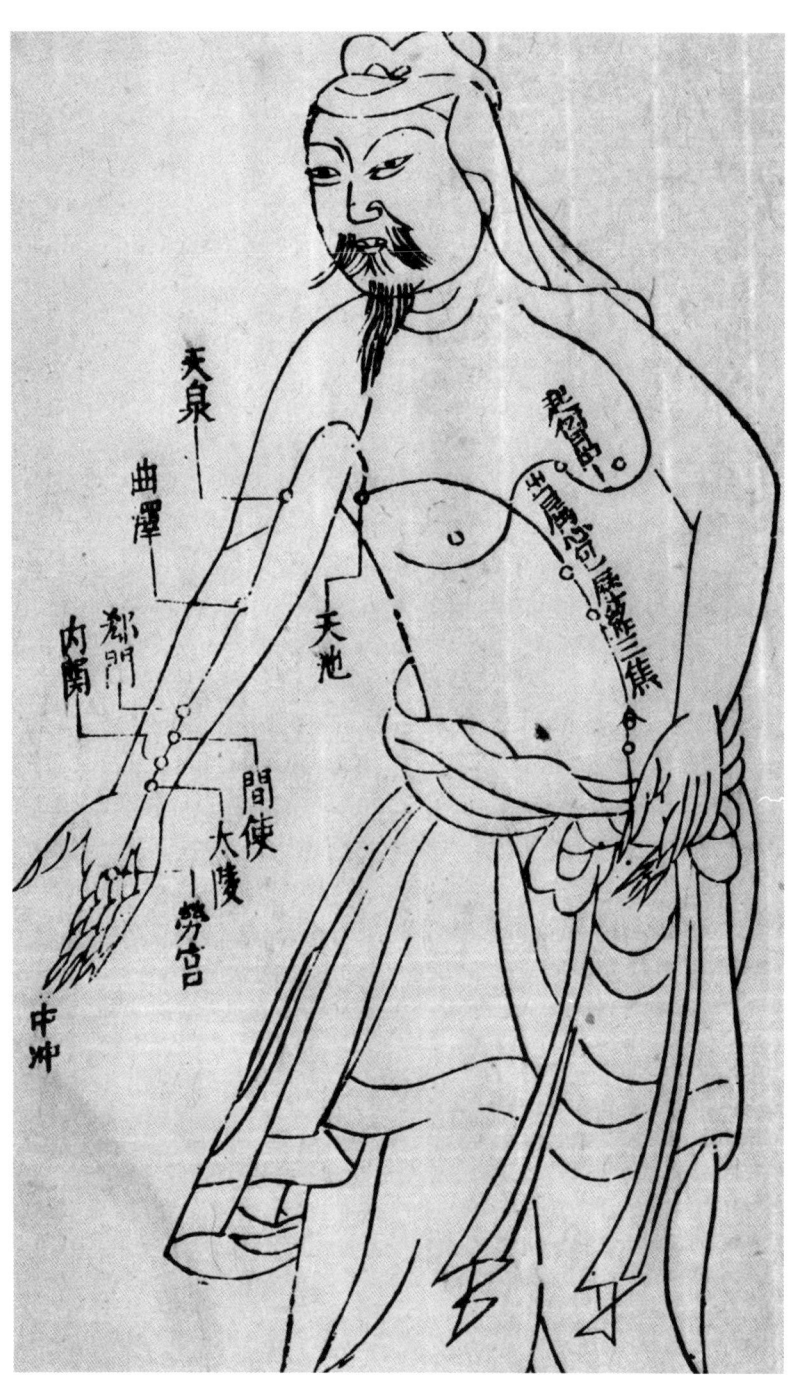

天泉

曲澤

郄門

內關

天池

間使

太陵

勞宮

中冲

194

Seine Besonderheit liegt im ganzheitlichen, umfassenden und dialektischen Denken.

Der Konfuzianismus hat der Menschheit eines der vollkommensten politischen und philosophischen Systeme zum Verständnis des Ich, der sozialen Beziehungen und der idealen Gesellschaft gegeben. Die »Menschlichkeit« (*ren*) und »Sittlichkeit« (*li*) bei Konfuzius und später der Gedanke der »Rechtschaffenheit« (*yi*) bei Menzius gaben der Menschheit wichtige Impulse. Die Idee des Daoismus von den beiden einander entgegengesetzten und doch miteinander vereinten Polen »Yin und Yang« hat weltweit die Naturwissenschaftler angeregt.

Die chinesische Medizin ist ein Beispiel für wissenschaftliches Denken. Nach ihr vereinigen sich im menschlichen Körper die beiden Pole »Yin« und »Yang«. Gesundheit bedeutet Gleichgewicht und Harmonie von »Yin« und »Yang«. Fehlt dieses Gleichgewicht, überwiegt das »Yin« oder das »Yang« das jeweils andere Element, ist die Gesundheit angegriffen. Nach der chinesischen Medizin ist der menschliche Körper ein winziges Abbild des großen kosmischen Systems: Die chinesische Medizin entdeckte die Verbindung unterschiedlicher Bereiche des menschlichen Körpers durch ein System von Meridianen mit darauf verteilten Akupunkturpunkten und die dialektische Beziehung der wechselseitigen Förderung und Beschränkung von »Yin und Yang« sowie der »Fünf Elemente« (*wuxing*) Holz, Feuer, Erde, Metall und Wasser. Gemeinsam mit der Verortung Osten, Süden, Westen, Norden und Mitte, den Tageszeiten Morgendämmerung, Abenddämmerung, Vormittag, Mittag, Abend sowie den fünf Tönen der alten chinesischen pentatonischen Tonleiter (*jue, zhi, gong, shang, yu*; entsprechend mi, so, do, re, la) stehen alle mit unterschiedlichen Krankheitssymptomen und Gefühlen in Verbindung. Ebenso

Akupunkturkarte mit den Einstichpunkten im Verlauf der Körpermeridiane aus der Zeit der Ming-Dynastie.

korrelieren sie mit den unterschiedlichen Geschmacksrichtungen von Medizin: sauer, scharf, bitter, süß, salzig. Die inneren Organe stehen mit Haut, Haaren und den fünf Sinnen in Verbindung: So ist die Leber mit den Augen verbunden, das Herz mit der Zunge, die Lunge mit dem Dickdarm sowie der Magen mit der Haut und den Haaren. Deshalb behandelt die chinesische Medizin bei Kopfschmerzen nicht den Kopf und bei Fußbeschwerden nicht die Füße.

Um eine umfassende Untersuchung zu gewährleisten, bedient die chinesische Medizin sich vier Methoden der Diagnose: Betrachten, Abhorchen und Geruchsfeststellung, Befragen sowie Pulsmessung und Abtasten. Für die Diagnose beobachtet der chinesische Arzt den Puls des Patienten, betrachtet seine Gesichtsfarbe, nimmt seinen Körpergeruch wahr und erfragt die Krankheitsgeschichte und die Symptome. Er interessiert sich für die Ernährung des Patienten, seinen Alltag und für Stimmungsschwankungen. Überdies bedenkt er Alter und Gewohnheiten des Patienten sowie den Ort, an dem der Patient lebt, und die Jahreszeit, in der die Krankheit auftritt. Verschreibt er eine Rezeptur, berücksichtigt er auch Ort und Tageszeit der Einnahme, die Jahreszeit, die körperliche Verfassung des Patienten und das Zusammenspiel unterschiedlicher Wirkstoffe. Wenn jemand hustet, weil er einen Luftröhrenkatarrh hat, verschreibt der chinesische Arzt eine Arznei, die den Darm gleitfähiger macht und damit den Stuhlgang fördert; dies reduziert die Hitze in der Lunge. Bei dieser Behandlung wird auf jeden Fall Süßholz eine Rolle spielen. Hat ein Patient rote, geschwollene Augen, wird eine Arznei zur Beruhigung der Leber gegeben. In dieser dialektischen Behandlung und Regulierung des ganzen Körpers offenbart sich das Prinzip der Harmonie zwischen Mensch und Natur in der chinesischen Kultur. Die Lehre der Akupunktur und die Theorie von den den Körper durchziehenden Meridianen ist ein Produkt dieses Prinzips. Die Medizin des chinesischen Kernlands verbindet sich mit der

Apothekertisch mit Heilkräuterbüchern, Mörser, Waage
und dem chinesischen Rechenbrett Abakus.

tibetischen, mongolischen und koreanischen Medizin zu einem umfassenden System der chinesischen Medizin, einem Schatz der Geschichte der Heilkunst. Die einzigartigen Errungenschaften chinesischer Medizin und chinesischer Pharmazie finden weltweit mehr und mehr Anerkennung. Die traditionelle chinesische Medizin (TCM) hat Großes vollbracht. Angeblich wurden in China bereits vor 3000 Jahren Operationen am offenen Schädel durchgeführt; Betäubungsmittel sollen spätestens in der Östlichen Han-Dynastie (25-220) weit verbreitet gewesen sein. Wirkstoffe wie Berberin, Ephedrin und Artemisinin wurden

Die Symbole »Yin« und »Yang« umrahmt von den »Acht Trigrammen«
auf einem Porzellanteller aus dem 19. Jahrhundert.

durch die traditionelle chinesische Medizin zugänglich gemacht. Akupunktur und chinesische Massage finden in der Welt immer breitere Anerkennung. Umgekehrt fördert das moderne China die Kombination der chinesischen mit der westlichen Medizin. Die chinesische Medizin soll auch von der modernen westlichen Wissenschaft und Medizin untermauert werden.

Die Ideen des ganzheitlichen Denkens, des universellen Beziehungssystems sowie des gegenseitigen Sich-Beschränkens und Sich-Ergänzens in der chinesischen traditionellen Kultur finden in der Wissenschaft weltweit mehr und mehr Aufmerksamkeit. Die Entwicklung der Wissenschaft macht aus Randfächern und interdisziplinären Fächern neue wissenschaftliche Kategorien. Chaostheorie und die so genannte »fuzzy logic« haben die Richtigkeit des alten chinesischen Denkens geprüft. Die ineinander übergehenden, miteinander verbundenen »Yin- und Yang-Fische« verkörpern als höchstes Symbol das Antithetische, Komplementäre und die endlose Entwicklung der Welt zwischen den beiden Polen. Im Jahr 1937 besuchte der dänische Physiker Niels Bohr (1885-1962) China. Die chinesische Theorie der beiden Pole beeindruckte den Vater der modernen Quantentheorie und Quantenmechanik sehr. Er meinte, dass der Begründer des Daoismus, Laozi, bereits antizipiert habe, dass sich Fragen der Atomtheorie mit Hilfe der Methodologie lösen lassen. Bohr erkannte die tief gehenden Verbindungen zwischen alter chinesischer Weisheit und moderner westlicher Wissenschaft. Er machte das chinesische Symbol von »Yin und Yang« zu seinem Familienwappen und bewahrte sich seine Verehrung der alten chinesischen Kultur ein Leben lang.

In der Moderne verlor China seine führende Position in der Wissenschaft. Dafür gibt es viele Gründe. So war beispielsweise metaphysisches Denken wenig ausgeprägt. Ein eher verallgemeinerndes, weniger analytisches Denken und eine unterentwickelte Taxonomie verhinderten die Entwicklung der Naturwissenschaften. Heute gerät das östliche Denken wieder stärker ins Blickfeld. Die Kombination von westlichem und östlichem Denken hat großes Potenzial, die Entwicklung der chinesischen Naturwissenschaften und Technik entscheidend zu fördern. China hat zur Entwicklung der Welt beigetragen; umgekehrt hat es viel von anderen Ländern gelernt.

KAPITEL 10

CHINAS VERGANGENHEIT UND ZUKUNFT – KONTINUITÄT UND WANDEL

In der Geschichte der Menschheit gab es vier große Zivilisationen: Die ägyptische, die babylonische, die indische und die chinesische Zivilisation. Die alte ägyptische Zivilisation brach bereits im 6. Jahrhundert v. Chr. auseinander. Sie hatte ungefähr 3000 Jahre gewährt. Das alte Babylon wurde um 1595 v. Chr. von den Hethitern gestürzt; deren Herrschaft wiederum wurde von Eindringlingen, die über See kamen, niedergeworfen. Die ehemals so strahlende alte babylonische Zivilisation zerfiel. Die Gupta-Dynastie (240-550) im alten Indien endete im frühen 6. Jahrhundert und zerfiel in viele kleine Königreiche, und der Glanz der alten indischen Zivilisation verblasste. Diese alten Zivilisationen gingen unter, allein die chinesische Zivilisation überlebte. Sie bestand ungezählte Prüfungen und konnte sich aus dem Verfall heraus weiterentwickeln. Auch heute, nach 5000 Jahren, erscheint sie noch immer gleichsam »jung«.

Vielfalt durch Integration

Ein Grund für die ausgeprägte Lebenskraft der chinesischen Zivilisation lag in ihrer Fähigkeit, andere Einflüsse zu integrieren. Der Kern der chinesischen Kultur, die Kultur der Han-Chinesen in Zentralchina, entwickelte sich durch Aufnahme und Integration anderer in China vertretener Kulturen.

Während der Xia-, Shang- und Zhou-Dynastie nahm das Volk der Huaxia die Kulturen der Stämme Man, Yi, Rong und Di in sich auf, bewahrte ihre ethnischen Besonderheiten und schuf so eine erste geeinte chinesische Gesellschaft. In der »Frühlings- und Herbstperiode« (770-476 v. Chr.) und der »Zeit der Strei- tenden Reiche« (475-221 v. Chr.) befanden sich die Völker in den zentralen Gebieten Chinas weiterhin ständig im Krieg mit diesen Stämmen – dem Stamm Yi im Osten und den Rong im Westen, mit den Man im Süden und den Di im Norden. Die- se Zusammenstöße brachten gleichwohl eine Vermischung der Kulturen mit sich. Die über 500 Jahre dauernde Konfrontation und Vermischung führten zu einer bis dahin beispiellosen Ein- heit und Macht der Qin- (221-206 v. Chr.) und Han-Dynastie (206 v. Chr.-220 n. Chr.). Zeitgleich ließ eine dem Konfuzianis- mus Ausschließlichkeit einräumende Politik diese zum Kern der chinesischen Kultur werden und das Land gedeihen.

Von der Qin- und Han-Dynastie bis zur Wei- (220-265) und Jin- Dynastie (265-420) befand sich die Kultur an einem Tiefpunkt. Es folgte eine Zeit der Wirren durch die von Norden eindringenden fünf Stämme, und in den Südlichen und Nördlichen Dynastien (420-589) gab es erneut innere Unruhen. Schließlich gelang eine Stabilisierung. Es war eine Zeit beispielloser, lebendiger kultureller Verschmelzung: Die nördlichen Stämme wurden sinisiert; umgekehrt beeinflussten sie die Lebensweise der Han- Chinesen. Die persische Kultur, die Kulturen der Völker in den Gebieten im Westen, Norden und Süden des Landes trafen in der zentralchinesischen Ebene aufeinander und vermischten sich. Hieraus entstand die reichhaltige, vielfältige Kultur der Tang- Dynastie (618-907).

So offen für äußere Einflüsse wie zur Zeit der Tang war China niemals zuvor gewesen. Buddhismus, Christentum und Islam verbreiteten sich, und der »Diskurs der drei Lehren« von Konfuzianismus, Buddhismus und Daoismus eröffnete eine philosophische Debatte. Chang'an war gleichsam Hauptstadt der Welt, Schaufenster ihrer unterschiedlichen Kulturen. Von der einen Million Menschen, die die Stadt damals bewohnten, waren 20000 bis 50000 Ausländer oder Zugereiste – beachtliche Zahlen selbst für heutige Verhältnisse.

Danach schloss sich wiederum eine lange Zeit des kulturellen Niedergangs an. Erst in der Song-Dynastie formulierten Cheng Hao (1032-1085), Cheng Yi (1033-1107) und Zhu Xi (1130-1200) den »Neokonfuzianismus« (*lixue*): Die Lehre des Konfuzianismus steht dabei im Mittelpunkt; sie wird von Buddhismus und Daoismus ergänzt. Die mongolische Yuan-Dynastie (1280-1367) folgte in Zeremonien und Recht den Han und trug so zur Festigung der chinesischen Zivilisation bei, in deren Zentrum die Kultur der Han stand. Auch noch die mingzeitliche Gesellschaft (1368-1644) richtete sich am Neokonfuzianismus aus. Doch wegen seiner Unbeweglichkeit ging er vom Stadium der Reife in den Verfall über – die Anpassung an die rasche Entwicklung der städtischen Wirtschaft und den beginnenden Kapitalismus gelang ihm nicht mehr. Die bürgerliche Kultur mit ihrem ausgeprägten Bewusstsein für Demokratie und Handel hingegen gewann an Einfluss.

Diese Entwicklung spiegeln insbesondere die mingzeitlichen Romane und Bühnenstücke wider. Das Entlarven und Kritisieren des Neokonfuzianismus, die Betonung der Schönheit der menschlichen Natur, die realistische Beschreibung der Warenwirtschaft und der neu entstehenden Klassen der Kaufleute und Handwerker sowie schließlich das Lobpreisen wahrer Liebe – dies alles zeigte, dass die chinesische Zivilisation der ausgehenden Ming-Zeit in eine neue Phase der Aufnahme und Verarbeitung moderner Ideen eintrat. Die chinesische Naturwissenschaft und Technik hatten ebenfalls neue Entwicklungen zu verzeichnen; sie brachten bedeutende Wissenschaftler hervor.

Es war eine Zeit, die nach herausragenden Denkern verlangte – Denkern, die eine zeitgemäße und zukunftsweisende Theorie formulierten. Diese Lehre sollte den Neokonfuzianismus ersetzen und neue Wirtschaftsverhältnisse vorbereiten. In der Tat brachte China einen Denker hervor, der eine solche Lehre hätte formulieren können: Li Zhi (1527-1602). Er kritisierte den Neokonfuzianismus und wandte sich unmittelbar gegen Konfuzius. Er hinterfragte die »großen Konfuzianer« angefangen von Han Yu (768-824) über die der Song- und Ming-Dynastie. Insbesondere kritisierte er die »Tradition der wahren Lehre« von Zhu Xi. Li Zhi zufolge sind alle Mitglieder der Gesellschaft von Natur aus gleich, jedermann ein geborener Weiser, jedermann mit Weisheit ausgestattet. Er trat für die Gleichberechtigung der Geschlechter ein und wandte sich gegen die Überbewertung der Landwirtschaft und die mangelnde Achtung des Handels. Seine Kritik an Konfuzius war die schärfste seit der von Wang Chong (27-97) in der Östlichen Han-Dynastie. Li Zhi musste dafür ins Gefängnis, wo er später zu Tode kam. Seine Gedankenführung war klar, doch leider geriet er – wie viele andere chinesische Philosophen – in den Teufelskreis des steten Wiederholens oder Kritisierens der Lehren anderer, ohne selbst einen eigenen Standpunkt einzunehmen. Ihm fehlte eine umfassende originäre Gedankenwelt. Darin unterscheidet Li Zhi sich von den aufgeklärten westlichen Wissenschaftlern, die sich gegen den Feudalismus aussprachen und dem Kapitalismus jener Zeit den Weg bereiteten. So war er kein Denker mit demokratischem Bewusstsein – ganz China hat damals keinen solchen Denker hervorgebracht. Der Aufklärung im Westen steht in China keine vergleichbare Umwälzung im Denken gegenüber. Hatten Bewegungen in anderen Ländern China den Weg zu einer bürgerlichen Kultur bereits angedeutet, so unterdrückten Feudalismus und Neokonfuzianismus die Entwicklung dieses fortschrittlichen Denkens.

Zur Sicherung ihrer Macht befleißigten sich die anschließenden Qing-Herrscher (1644-1911) einer Politik von Zuckerbrot und Peitsche. Um ihre Macht zu stärken – schließlich handelte es sich bei den Qing um eine Fremdherrschaft der Mandschuren –

versuchten sie, die gesellschaftlichen Bräuche und die traditionelle Kultur und Moral der Han-Chinesen zu bewahren. Damit gelang es ihnen, Konflikte zwischen einzelnen ethnischen Gruppen einzudämmen. So hatten die Qing in den weit über 200 Jahren ihrer Herrschaft in Wissenschaft und Kultur nicht wenige Errungenschaften zu verzeichnen: Die klassische »Schule des Schlichten Lernens« – Textkritik und Textforschung der klassischen Schule – und der Neokonfuzianismus der Song- und Ming-Zeit spiegelten sich im Glanz des jeweils anderen. Scholaren wie Huang Zongxi (1610-1695), Gu Yanwu (1613-1682) und Wang Fuzhi (1619-1692) befürworteten Pragmatismus und lehnten den leeren Diskurs ab.

Romane, die den bevorstehenden Untergang der feudalistischen Gesellschaft voraussagten, wie »Der Traum der roten Kammer« (*Hongloumeng*) und »Der Gelehrtenwald« (*Rulin waishi*) beseelten die Literatur. »Chuanqi«-Singspiele, die das »Ungewöhnliche überlieferten«, zum Beispiel »Pfirsichblütenfächer« (*Taohuashan*) und »Palast der ewigen Jugend« (*Changshengdian*), bewiesen die herausragenden Errungenschaften des Theaters. Die in der ausgehenden Qing-Zeit beliebten Enthüllungsromane wie »Aufzeichnungen zur Entlarvung der Beamten« (*Guanchang xiangxing ji*) und die »Reisen des Lao Can« (*Lao Can youji*) forderten politische Reformen ein und lieferten herausragende satirische Darstellungen der Beamtenschaft, insbesondere korrupter Beamter. Die sich seit dem 19. Jahrhundert formierende »Neutextschule« (*jinwenxue*), die im Gegensatz zur »Alttextschule« eine spätere Fassung der Klassiker anerkennt, wurde von Gong Zizhen (1792-1841), Wei Yuan (1794-1857) und Kang Youwei (1858-1927) vertreten. Sie zeigte das neue Gesicht der Intellektuellen am Vorabend großer gesellschaftlicher Umwälzungen noch deutlicher.

Doch obwohl die han-chinesische und die manschurische Kultur sich unter der Qing-Dynastie miteinander vermischten, waren die modernen Einflüsse auf die chinesische Zivilisation doch nur schwach. Dazu kam die von der Regierung angeordnete Selbstisolation des Landes, die den Austausch mit anderen Kulturen unterband. Der Niedergang der chinesischen Kultur in der ausgehenden Qing-Zeit war so schwer vermeidbar.

Im Austausch mit der Welt – China und die großen Weltreligionen

Abgesehen davon, dass die chinesische Zivilisation in ihrer langen Geschichte kulturelle Einflüsse in China lebender ethnischer Gruppen integrierte, übernahm sie auch wertvolle Errungenschaften ausländischer Kulturen, passte sie den chinesischen Gegebenheiten an und machte sie zu einem Teil der chinesischen Kultur. Die drei Weltreligionen – Christentum, Islam und Buddhismus – sind die Säulen der religiösen Kultur der Welt. Als sich diese Religionen in der Welt verbreiteten, wurden grausame Kriege geführt. Der Einzug der drei Religionen nach China hingegen verlief friedlich; in der langen chinesischen Geschichte hat es niemals einen Religionskrieg gegeben. Der Buddhismus kam sogar auf Betreiben Chinas ins Land.

Der Islam kam in der Mitte des 7. Jahrhunderts nach China. In der Wude-Periode (618-626) der Tang-Dynastie sandte der Prophet Mohammed vier Weise nach China. Einer der Weisen missionierte in Kanton, ein anderer in Yangzhou und zwei weitere in Quanzhou. Mohammeds Onkel mütterlicherseits, Saad Ibn Abi Waqqas, oblag es, den Koran nach China zu bringen. Von Kanton gelangte er im Jahre 632 nach Chang'an. Der Tang-Kaiser Taizong (Regierungszeit 626-649) empfing ihn herzlich und gestattete ihm, unter anderem in Chang'an, Jiangning und Kanton Moscheen zu errichten. Heute steht in Kanton mit der Moschee zum Andenken an den Weisen – der Huaisheng-Moschee – noch das älteste architektonische Relikt des Islam.

Moschee in Urumqi, der Hauptstadt der Autonomen Region Xinjiang
im Nordwesten Chinas.

Mit einem rund 55 Meter hohen Minarett behauptet sie sich zwischen den modernen Hochhäusern und berichtet von der Toleranz der Herrscher und des Volkes zur Blütezeit der Tang.

Das Christentum kam ungefähr zur gleichen Zeit wie der Islam nach China. Im »Stelenwald« in Xi'an gibt es eine nestorianische Stele mit der Inschrift: »Die Religion des Lichts aus Da Qin verbreitet sich in China« – Da Qin war die chinesische Bezeichnung für das Römische Reich. Die Inschrift berichtet davon, dass im Jahre 635 der nestorianische Geistliche Alopen von dem Tang-Kaiser Taizong willkommen geheißen und der Bau eines Tempels in Auftrag gegeben wurde. Auf einer Seite der Stele ist der Name des Geistlichen in syrischer Sprache eingraviert. Alopen war jedoch nicht der erste christliche Missionar in China. Bereits zu Beginn des 5. Jahrhunderts war das nestorianische Christentum über die westlichen Gebiete Chinas nach Luoyang gekommen. Später schickte Papst Nicolas IV. den Franziskaner Giovanni da

Montecorvino (1246-1328) in das yuanzeitliche China. Er wurde zum Erzbischof der chinesischen Gemeinde ernannt und baute Gemeinden in Dadu (dem heutigen Peking), Quanzhou und Hangzhou auf. Der italienische Geistliche starb 40 Jahre später in Peking. Sein Nachfolger Odorico da Pordenone (1256?-1331) war als einer der vier berühmten europäischen Reisenden des Mittelalters so bekannt wie Marco Polo (1254-1324). Er kam im Jahr 1325 nach Dadu; in seinem »Reise nach China« betitelten Werk lobte er Reichtum und Blüte Chinas. Der Reisebericht

Der Jesuit Matteo Ricci (1552-1610).

Im Jahr 1889 wurde die Nördliche Kathedrale in Peking erbaut.

kann es durchaus mit Marco Polos »Buch der Wunder« aufnehmen. Weitere namhafte Geistliche waren die Jesuiten Matteo Ricci (1552-1610) in der Ming-Zeit und Johann Adam Schall von Bell (1591-1666) am Übergang von der Ming- zur Qing-Zeit. Sie lebten am Hof des Kaisers in Peking. Dort fanden sie auch ihre letzte Ruhestätte; ihre Gräber sind gut erhalten.

Die Geschichte des Mönchs Xuanzang (602-664), der sich auf Pilgerreise nach Indien begab, um buddhistische Schriften nach China zu holen, kennt in China jedermann. Sie zeigt Chinas frommen Respekt für den aus Indien stammenden Buddhismus.

Xuanzang hieß eigentlich Chen Wei und kam aus der heutigen Provinz Henan. Mit 13 Jahren wurde er Mönch. Unzufrieden mit den Streitigkeiten zwischen den verschiedenen buddhistischen Sekten in China und ihren unterschiedlichen Auslegungen der buddhistischen Lehre entschloss er sich, nach Indien zu gehen und von dort die »wahren buddhistischen Schriften« zu holen. Mit 25 Jahren verließ er Chang'an (das heutige Xi'an); nach zahlreichen Schwierigkeiten und Hindernissen erreichte er Indien im Jahr 628. Dort studierte er 15 Jahre, bereiste um die 70 Königreiche und wurde ein hochgebildeter Mönch. Im Jahr 634 trat er die Rückreise nach China an. Chang'an erreichte er zu Beginn des Jahres 645. Auf Weisung von Kaiser Taizong verfasste er die »Reise nach dem Westen während der Tang-Dynastie« (*Da Tang xiyou ji*). Darin berichtet er über 110 Städte, Regionen und Länder, die er selbst besucht hatte, sowie über 28 weitere, die er aus den Erzählungen Dritter kannte. Er leitete die Übersetzung von 75 buddhistischen Schriften und ließ zu ihrer Aufbewahrung in Chang'an die »Große Wildganspagode« errichten. Überdies übersetzte er das Werk »Laozi« sowie die verlorene buddhistische Schrift »Das Erwachen des Glaubens im Mahayana« (*Da sheng qi xin lun*) ins Sanskrit und brachte diese Werke nach Indien.

Der Buddhismus in China erlebte Höhen und Tiefen. Nach der Reform durch Huineng (638-713), dem 6. Großmeister der buddhistischen Chan-Sekte, war der Prozess der Sinisierung abgeschlossen: Der Buddhismus war zum integralen Bestandteil chinesischer Kultur geworden. Zusammen mit dem Konfuzianismus und dem Daoismus wurde er eine der drei wesentlichen Gedankenschulen des Landes. Dem Islam gelang es ebenfalls, sich mit den chinesischen Sitten und Gebräuchen zu vermischen, von den Chinesen integriert zu werden und in China Fuß zu fassen. Dies war verbunden mit der Geburt einer neuen ethnischen Gruppe – der »Hui«-Nationalität. Sie ist heute eine der zahlenmäßig größten Volksgruppen der »Nationalen Minderheiten« Chinas und lebt vornehmlich in den nordwestlichen Provinzen des Landes. Sie bedient sich der Sprache des Chinesischen, bekennt sich aber zum Islam.

Die Rezeption fremder Kulturen verläuft in keinem Land gänzlich ohne Konflikte. Die Verfolgung so genannter »ketzerischer Gedanken« durch die katholische Kirche im Mittelalter war mehr als barbarisch. Die großen mittelalterlichen Massaker im Zeichen des Glaubens richteten sich gegen Reformer innerhalb der katholischen Kirche oder Vertreter anderer Religionen. Das China der Ming-Dynastie hingegen respektierte Matteo Riccis missionarische Tätigkeit. Mit Unterstützung des Kaiserhofs konnten er – aber auch ihm nachfolgende Missionare wie Adam Schall von Bell oder der belgische Missionar Ferdinand Verbiest (1623-1688) – wissenschaftlich, zum Beispiel auf dem Gebiet der Astronomie, tätig sein. Die Offenheit, mit der China in der

Aus dem Fels gehauene buddhistische Skulpturen und Inschriften in einer Höhle in Guilin (Autonome Region Guangxi).

späten Ming-Zeit und der frühen Qing-Zeit abweichenden Gedankenschulen gegenübertrat, unterschied sich deutlich von der des europäischen Mittelalters. Die Fähigkeit der chinesischen Zivilisation, unvoreingenommen fremde Einflüsse und Lehren aufzunehmen, verdient besondere Beachtung und war Ausdruck eines in sich gefestigten Staatswesens.

Chinas Weg in einer globalisierten Welt

Mit Blick auf die lange Geschichte Chinas erscheinen tagesaktuelle Ereignisse und Diskussionen viel zu kurz gegriffen; erst wenn sich größere Zusammenhänge wieder nachvollziehen lassen, gelingt eine periodische Einordnung. Für das heutige China begann Ende 1978 eine solche Neuorientierung. Damals setzte die so genannte »Reform- und Öffnungspolitik« (*gaige kaifang*) ein. Mit ihr begann eine bewusst gesteuerte »Modernisierung« (*xiandaihua*) des Landes, getragen von umfassenden Wirtschaftsreformen. Parallel zur Stärkung der Hauptbereiche Landwirtschaft und Industrie wurde der chinesische Markt – erst vorsichtig, regional begrenzt, dann mehr und mehr – für ausländisches Kapital geöffnet. Der wirtschaftliche Erfolg dieses Programms war immens: 20 Jahre nach Beginn der Reformen lag China mit seiner bis dahin erzielten Wirtschaftskraft weltweit an 7. Stelle, es erreichte im Jahr 1997 sogar eine durchschnittliche Wachstumsrate von 14,9 Prozent. Diese Entwicklung schien als könne sie durch nichts gestoppt werden. Als im Jahr 1998 Asien durch die Krise an den Finanzmärkten erschüttert wurde, hielt China trotz der schwierigen Situation seine Währung konstant. Zwar fiel es in der Folge auf eine durchschnittliche Wachstumsrate von 7,8 Prozent zurück, doch es sollte kein langer Einbruch bleiben; mittlerweile hat sich Chinas Wirtschaftskraft im neuen Jahrtausend derart stabilisieren können, dass zweistellige Wachstumsraten in Folge zu verzeichnen sind. Inzwischen gehört China zu den stärksten Volkswirtschaften.

Diese Bilanz kann auch beim Außenhandel gezogen werden: Im Jahr 1978 lag China auf dem 32. Rang, 1997 bereits auf Rang 10 und im Jahr 2006 war China die drittgrößte Exportnation der Welt. Ein Hauptgrund für diesen rasanten Aufstieg – insbesondere in der jüngsten Zeit – liegt in den strukturellen Maßnahmen, die ergänzend zu dem Beitritt Chinas zur Welthandelsorganisation (WTO) am 11. Dezember 2001 vorgenommen wurden. Diese Hinwendung zu Freihandel und Marktwirtschaft ermöglichte es China, sich als eine große Welthandelsnation weiter zu etablieren. Und nach wie vor liegt China auf Platz eins bei der Anziehung von ausländischen Direktinvestitionen.

Neben einem erheblichem Ausbau und Produktivitätssteigerungen auf dem Gebiet der Landwirtschaft standen gleichermaßen Innovationen industrieller Produkte und Verfahren im Zentrum zahlreicher Maßnahmen. Viele Fortschritte wurden auf den Gebieten von Wissenschaft und Technik erzielt. Für die jüngste Zeit sind einige prominente Beispiele anzuführen: So zum Beispiel die Ingenieurleistung beim Bau des Großprojektes des so genannten »Drei-Schluchten-Staudamms« am Mittellauf des Yangtze. Des Weiteren wurde in den letzten Dekaden ein umfangreiches Weltraumprogramm etabliert; mehr als 50 Erdsatelliten wurden ins All geschickt und am 15. Oktober 2003 startete der erste chinesische bemannte Raumflug mit dem »Taikonauten« Yang Liwei an Bord. Sein Raumschiff mit dem Namen »Shenzhou V« wurde von einer Trägerrakete des Typs »Langer Marsch« befördert.

Das Anwachsen der Bevölkerung – im Jahr 2005 verfügte China bereits über 175 Millionenstädte – machte noch größere Investitionen in Städtebau und Infrastruktur notwendig. Für das Jahr 2008 ist Peking zum Austragungsort der Olympiade gewählt worden; 2010 wird Shanghai die Besucher der Weltausstellung Expo begrüßen. China spielt eine aktive Rolle nicht nur in der

Shanghais Stadtteil Pudong mit dem Fernsehturm »Oriental Pearl Tower«
und der Skyline des Handels- und Finanzzentrums.

Weltwirtschaft. Auf internationaler Ebene ist es ein gefragter »strategischer Partner«. Viele zentrale Fragen lassen sich nur aus globaler Perspektive bearbeiten; als ein gutes Beispiel sind die Bewahrung und der Schutz der Umwelt zu nennen.

Der britische Ökonom Adam Smith (1723-1790) kritisierte in seinem 1776 erschienenen Werk »Über den Wohlstand der Nationen« (»The Wealth of Nations«) Chinas »statisches« Dasein. Er beschrieb ein Land, in dem die Wirtschaft über Jahrhunderte hinweg keine Neuerungen erfahren hatte, eine Bevölkerung, die zahlenmäßig weder anwuchs noch abnahm. Dabei konnte China schon damals auf eine alte entwickelte Händlerkultur zurückblicken. Schon in der westlichen Zhou-Dynastie (11. Jh.-770 v. Chr.) fanden »Händler« (*shangren*) und »Kaufleute« (*shangyuan*)

213

Erwähnung. In den »Annalen der Frühlings- und Herbstperiode« wurden diese als Intermediäre zu wichtigen Mitgliedern der Gesellschaft erhoben. Der Historiker Sima Qian (ca. 145-90 v. Chr.) überlieferte in seinen »Historischen Aufzeichnungen« (*Shiji*) zahlreiche Lebensbeschreibungen von Handel und Gewerbe treibenden Personen. Chinas Wirtschaftsaktivitäten waren schon früh nicht allein auf das eigene Land beschränkt. Über die Seidenstraße gab es internationalen Warenverkehr. In der tangzeitlichen Hauptstadt Chang'an prosperierten mehr als 220 verschiedene Gewerbe, und Händler aus 44 Nationen boten Kleidung, Seide, Schmuck und Gewürze feil. Ab der Ming-Dynastie (1368-1644) verfügte China schließlich sogar über die größte Handelsflotte der damaligen Welt.

Bis in die heutige Zeit wird die Geschäftstüchtigkeit der Chinesen gerühmt. Ursprung des Erfolgs wird häufig in der Verbindung aus »traditionellen konfuzianischen Werten« und der Wirtschaftsordnung formuliert. Sima Qian vertrat den Standpunkt, dass sich die Arbeit für die Gesellschaft und die Verteilung der Ressourcen über den Preismechanismus regulieren werde. Nach dem Prinzip der »freien Hand« werde sich die Warenwirtschaft eigenständig entwickeln, der Staat brauche nicht einzugreifen. Diese aus dem Konfuzianismus auf das Wirtschaftsleben übertragene Sichtweise kann unsere heutigen marktwirtschaftlichen Mechanismen zweifellos inspirieren. Eine solche Inspiration muss nicht unmittelbar sein; eine »freie Hand« des Marktes kann heute durchaus die »Reform- und Öffnungspolitik« unterstützen. Dennoch muss China bei der Entwicklung seiner »sozialistischen Marktwirtschaft« (*shehuizhuyi shichangjingji*) – und insbesondere im Angesicht einer rapiden Entwicklungsgeschwindigkeit – solche Fragen mit Vorsicht und Weitblick behandeln.

Bei den Veränderungen der letzten 30 Jahre hat der Modernisierungsweg auch viele Herausforderungen und Probleme mit sich gebracht. Dazu gehören die Frage von Armut und Reichtum, unausgewogene Lebensbedingungen in Stadt und Land sowie von

Industriearbeitern und Bauern, Umweltprobleme, unausgereifte Marktpraktiken, eine aggressive Populärkultur usw. China hat zwar begonnen, dies zu verstehen, es muss nun selbst den Weg zur Lösung beschreiten. Dabei ist es wichtig, weiterzudenken und die Beispiele, die die alte chinesische Zivilisation gelehrt hat, aufzugreifen.

Der britische Philosoph Bertrand Russell (1872-1970) bemerkte bereits nach seinem einjährigen Aufenthalt im Jahr 1920 als Gastprofessor an der Peking-Universität in seinem Werk »Die China-Frage« (»The Problem of China«), dass Chinas Hinwendung zu einem westlichen Marktsystem über Aufstieg und Fall des Landes entscheiden werde. Er formulierte, dass, wenn China die freiheitliche Zivilisation des Westens absorbiere – und die Teile, die es benötige, aufnehme, sowie die Teile, die es als unpassend erachte, ablehne – es eine Art von organischer Entwicklung innerhalb des Rahmens der eigenen Traditionen erreichen könne. Damit verbunden seien einige Gefahren, namentlich eine komplette Hinwendung zum Westlichen, aber auch Verwerfungen – sogar mit militärischen Konsequenzen –, die im Falle des Abwehrens von ausländischem Einfluss entstehen könnten. Die Einschätzung Russells kann für die jüngsten Entwicklungen Chinas durchaus wieder aufgegriffen werden; China ist mit beiden Gefahren konfrontiert. Zur damaligen Zeit setzte sich die so genannte »4.-Mai-Bewegung« von 1919 mit den überkommenen Traditionen auseinander und studierte die westlichen Theorien und Konzepte. Der positiven Aufnahme von Wissenschaft und Demokratie stand eine – aus der heutigen Sicht zu heftige – Negation der traditionellen Kultur gegenüber.

Die Geschichte der traditionellen chinesischen Zivilisation, die Einflüsse anderer Zivilisationen und Kulturen integrierte, zeugt von ihrer starken Lebenskraft. Bei ihren Traditionen handelt es sich nicht um Vergangenes, sondern um etwas Andauerndes – ein Prozess, der Vergangenheit, Gegenwart und Zukunft miteinander verbindet. Aus einer Retrospektive auf 5000 Jahre chinesische

Kultur und Geschichte lässt sich sagen, dass die chinesische Zivilisation gleichsam weder unterbrochen wurde, noch in ihrer Entwicklung sprunghaft voran ging – sie hat sich langsam und kontinuierlich herausgebildet. Das Herzstück für eine solche Entfaltung setzt sich aus einer traditionellen Weltsicht und den moralischen Werten, in der eine Gesellschaft verankert ist, zusammen. China ist heute ein altes und junges Land zugleich. Ebenso ist die chinesische Zivilisation gleichzeitig traditionell und modern. China sollte zu seiner eigenen Vergangenheit und Kultur stehen und bewährte Traditionen pflegen. Westliche Ideen sollte es nicht vorbehaltlos übernehmen, sondern zunächst kritisch prüfen, Veraltetes ablegen und für wertvoll Erkanntes integrieren. So kann China seine Zivilisation weiterentwickeln, zu einer Zivilisation voller Harmonie, die im Einklang mit sich selbst und der Welt steht.

Chinas Metropolen erleben derzeit einen nie gekannten Bau-Boom.

ANHANG

Übersicht der chinesischen Dynastien

Xia-Dynastie (21.-16. Jh. v. Chr.)

Shang-Dynastie (16.-11. Jh. v. Chr.)

Zhou-Dynastie (11. Jh.-256 v. Chr.)
   Westliche Zhou-Dynastie (11. Jh.-771 v. Chr.)
   Östliche Zhou-Dynastie (770-256 v. Chr.)
   »Frühlings- und Herbstperiode« (Chunqiu, 770-476 v. Chr.)
   »Zeit der Streitenden Reiche«
   (Zhangguo-Periode, 475-221 v. Chr.)

Qin-Dynastie (221-206 v. Chr.)

Han-Dynastie (206 v. Chr.-220 n. Chr.)
   Frühere (Westliche) Han-Dynastie (206 v. Chr.-8 n. Chr.)
   Spätere (Östliche) Han-Dynastie (25-220 n. Chr.)

Sechs Dynastien (Liuchao-Zeit, 221-589)
   Drei Reiche (Sanguo, 221-280)
   Wu-Dynastie (222-280)
   Wei-Dynastie (220-265)
   Shu-Dynastie (Han, 221-263)
   Westliche Jin-Dynastie (265-316)
   Östliche Jin-Dynastie (317-420)
   Südliche und Nördliche Dynastien (420-589)

Sui-Dynastie (581-618)

Tang-Dynastie (618-907)

Fünf Dynastien (Wudai, 907-960)

Song-Dynastie (960-1279)
  Nördliche Song-Dynastie (960-1126)
  Südliche Song (1127-1279)

Liao-Dynastie (Kitan, 916-1125)

Xixia-Dynastie (Westliche Xia, 1038-1227)

Jin-Dynastie (Dschurdschen, 1115-1234)

Yuan-Dynastie (Mongolen, 1280-1367)

Ming-Dynastie (1368-1644)

Qing-Dynastie (Mandschu, 1644-1911)

Geschnitzte Jade-Drachen aus der Zeit der Qing-Dynastie.

Literatur

Die im Text angeführten Zitate wurden gemäß der Originalausgabe ins Deutsche übertragen. Soweit aufgeführt, erfolgte dies unter Nennung von Autor und Werk, im Allgemeinen für diese Ausgabe ergänzt durch den chinesischen Originaltitel. Leider war es nicht möglich, die im Text verwendeten Zitate nachzuweisen, da auch in der chinesischen und englischen Originalausgabe (siehe Impressum, Seite 4) keine Nachweise aufgeführt werden.

Weiterführende Literatur
(Auswahl deutschsprachiger Titel)

Wolfgang Bauer: Geschichte der chinesischen Philosophie. Konfuzianismus, Daoismus, Buddhismus. München: Beck 2001.

Der Traum der roten Kammer. Übersetzt von Franz Kuhn. Frankfurt: Insel 1995 (4. Auflage).

Die Räuber vom Liang Schan Moor. Übersetzt von Franz Kuhn. Frankfurt: Insel 2003 (8. Auflage).

Dschuang Dsi (Zhou Zhuang): Dschuang Dsi. Das wahre Buch vom südlichen Blütenland. München: Diederichs Gelbe Reihe 2002 (8. Auflage).

Jacques Gernet: Die chinesische Welt. Die Geschichte Chinas von den Anfängen bis zur Jetztzeit. Frankfurt am Main: Suhrkamp 1988 (8. Auflage).

Rene Grousset: Die Reise nach Westen. Oder wie Hsüan Tsang den Buddhismus nach China holte. München: Diederichs 2003 (Neuauflage).

Josef Guter: Lexikon der Götter und Symbole der alten Chinesen. Handbuch der mystischen und magischen Welt Chinas. Wiesbaden: Marix 2004.

I Ging. Das Buch der Wandlungen. Übersetzt von Richard Wilhelm. München: Diederichs 2001 (22. Auflage).

Konfuzius (Kung-fu-tse): Gespräche. Übersetzt von Richard Wilhelm. München: Dtv 2005.

Laotse: Tao te king. Texte und Kommentar von Richard Wilhelm. München: Diederichs Gelbe Reihe 1998.

Marco Polo: Die Wunder der Welt. Die Reise nach China an den Hof des Kublai Khan. Übersetzt von Elise Guignard. Frankfurt: Insel 2004 (2. Auflage).

Pu Yi: Ich war Kaiser von China. München: Dtv 1987 (Neuauflage 2004).

Konrad Seitz: China. Eine Weltmacht kehrt zurück. München: Siedler 2000.

Harro von Senger: Strategeme 1. Strategeme 1-18. Frankfurt am Main: Scherz 2003.

Harro von Senger: Strategeme 2. Strategeme 19-36. Frankfurt am Main: Scherz 2003.

Shen Kuo: Pinselunterhaltungen am Traumbach. Das gesamte Wissen des alten China. München: Diederichs 1997.

Brunhild Staiger; Stefan Friedrich; Hans-Wilm Schütte (Hg.): Das große China-Lexikon. Darmstadt: Wissenschaftliche Buchgesellschaft 2007 (2. Auflage).

Sun Zi: Die Kunst des Krieges. Köln: Taschen 2006.

Sun Tsu (Sun Tzu/ Sun-tzu/ Sunzi): Die Kunst des Krieges. Übersetzt von Gitta Peyn und Ralf Löffler. Neuenkirchen: RaBaKa-Publishing 2007.

Bildnachweise